MÉMOIRES

ET

POÉSIES

DE

JEANNE D'ALBRET

PUBLIÉS PAR

Le Baron DE RUBLE

PARIS

EM. PAUL, HUART ET GUILLEMIN

LIBRAIRES DE LA BIBLIOTHÈQUE NATIONALE

28, rue des Bons-Enfants

—

1893

MÉMOIRES ET POÉSIES

DE

JEANNE D'ALBRET

P. Le Rat sc 1846.   Imp. A. Salmon.

JEANNE D'ALBRET

d'après le portrait donné par la Reine de
Navarre à la république de Genève.

MÉMOIRES

ET

POÉSIES

DE

JEANNE D'ALBRET

PUBLIÉS PAR

Le Baron DE RUBLE

———•⋈•———

PARIS

Em. PAUL, HUART et GUILLEMIN

LIBRAIRES DE LA BIBLIOTHÈQUE NATIONALE

28, rue des Bons-Enfants

—

1893

NOTE SUR LE PORTRAIT

Le portrait placé en tête de ce volume a été gravé d'après un portrait de la reine de Navarre conservé à Genève, que la princesse avait offert à la République Helvétique en 1566. C'est le seul portrait authentique de Jeanne d'Albret.

Les Mémoires de Jeanne d'Albret ont été signalés par les historiens du xvie siècle qui se sont occupés de la vie de cette grande princesse, notamment par les annalistes du parti réformé inféodés aux Bourbons. Olhagaray les cite avec d'autant plus d'autorité qu'il était, sous le règne de Henri IV, historiographe de ce prince et qu'il avait trouvé dans l'exercice de ses fonctions la pure et vraie tradition de la maison d'Albret. Il raconte un des incidents de la vie du roi de Navarre d'après le récit de Jeanne et ajoute : « ..... dit l'original, dont j'ay « tiré mot à mot ces paroles[1]. » Nicolas de Bordenave, ministre béarnais, chargé par Jeanne d'Albret elle-même d'écrire l'histoire de la Navarre, est encore plus explicite. Il relate le même évènement de la vie d'Antoine de Bourbon dans les mêmes

---

1. — Olhagaray, *Histoire des comptes de Foix, Béarn et Navarre*, in-4°, 1629, p. 529.

termes que les Mémoires et justifie son récit par cette déclaration catégorique « ..... comme la royne, « sa femme, a laissé par escrit imprimé [1]. » *D'Aubigné, le fidèle serviteur du Béarnais, son écuyer, son conseiller, son compagnon d'armes dévoué pendant vingt ans de sa vie, joint son témoignage à celui des chroniqueurs béarnais :* « *La royne de Navarre, dit-il en rappelant les* « *circonstances qui décidèrent Jeanne d'Albret à* « *écrire son autobiographie, n'oublia pas les assis-* « *tances qu'on avait demandées à elle et aux siens* « *contre la maison de Guise, quelque mot du défit* « *qui paroissoit en la roine mère de commettre tous* « *les princes et nobles de France ensemble, et puis* « *couronna son escrit de hardies résolutions et pro-* « *testations* [2]. » *Voilà en peu de mots une analyse complète des Mémoires de Jeanne d'Albret.*

Regnier de la Planche, autre narrateur protestant, conseiller de la maison de Montmorency, un des hommes les plus mêlés au mouvement de la réforme, copie textuellement un récit de Jeanne d'Albret et le confirme en ces termes « ..... *comme aussi la roine de Navarre, pour le* « *bien scavoir et sans jamais avoir esté contredicte,* « *en escriprit à la roine mère longtemps après le*

―――――

1. — Bordenave, *Histoire de Béarn et Navarre*, 1873, p. 105.
2. — Aubigné, *Histoire universelle*, édit. de la Soc. de l'Histoire de France, t. III, p. 11.

« trépas de tous les deux rois[1]. » Les Mémoires ont en effet été publiés et adressés, comme on le verra plus loin, au roi et à la reine mère avec des lettres de Jeanne d'Albret. — Palma Cayet, ministre protestant, sous-gouverneur de Henri de Béarn, puis prêtre catholique et professeur au collège de France, un des biographes en titre du Béarnais, rappelle en ces termes les Mémoires de la reine de Navarre : « C'estoit une royne d'un bel esprit.
« Elle fit elle-même une déploration, tant en prose
« qu'en vers français, de ce que l'on avoit pour-
« suivy à mort et constrainct Messieurs les princes
« du sang de se sauver avec leur père, et mesme
« M. le comte de Soissons, qui estoit encores au
« berceau[2]. » Le signalement, sans être d'une précision rigoureuse, s'adapte cependant aux Mémoires de la reine de Navarre, qui d'un bout à l'autre sont la Déploration des circonstances qui ont obligé leur auteur à se rendre, en 1568, sur le théâtre de la guerre.

Il serait injuste d'oublier Bayle, le plus érudit des chercheurs. Dans un article de son dictionnaire, enrichi d'aperçus ingénieux et nouveaux pour le temps, il écrit : « Le livre intitulé His-
« toire de nostre temps, contient cinq lettres

---

1. — Regnier de la Planche, *Estat de France sous François II*, édit. du Panthéon littéraire, p. 405.

2. — Palma Cayet, *Chronologie novenaire*, édit. du Panthéon littéraire, p. 179.

« de la reine de Navarre avec une ample décla-
« ration[1] sur la jonction de ses armes à celles des
« Réformés en 1568. Toutes ces pièces, qui pas-
« sent pour être du stile de la reine de Navarre,
« valent en tout sens un des meilleurs livres, tant
« on y voit de tours, de solidité et de faits anec-
« dotes, curieux et intéressants[2]. »

Un seul écrivain a combattu l'authenticité de
l'autobiographie de Jeanne. Encore est il relativement moderne et animé de passions religieuses qui
rendent ses arrêts susceptibles d'appel. Le père
Griffet, dans les notes qu'il a consacrées à l'Histoire de France du père Daniel, est amené à
s'expliquer sur la rivalité du roi de Navarre et du
duc de Guise pendant le règne de François II. Il
discute avec une grande force de logique la vraisemblance des tentatives d'assassinat dirigées contre la
vie du premier des Bourbons. Mais sa démonstration se heurte à un témoignage irrécusable, à l'attes-
tation de Jeanne d'Albret elle-même. Il repousse
donc ce témoignage, argumentation commode, qui
lui permet de blanchir son héros sans opposition.
Cependant sa négation est timide, presque indécise,
comme celle d'un avocat peu convaincu. « Ce n'est
« pas que ce libelle, dit-il, (les Mémoires de
« Jeanne), ne put avoir été véritablement autorisé

---

1. — Tel est le titre que portent les *Mémoires*.
2. — Bayle, v° Jeanne d'Albret.

« *par la reine de Navarre, qui haïssait mortelle-*
« *ment la maison de Guise et qui était aveuglément*
« *dévouée au parti huguenot; car il n'y a nulle*
« *apparence qu'il soit sorti tout entier de la plume*
« *de cette princesse, quoiqu'on y parle en son nom.*
« *On sait que les personnes d'un si haut rang ne*
« *s'occupent pas pour l'ordinaire à composer de si*
« *longs discours. Mais ils ont des gens qui les écri-*
« *vent pour eux et qui les font parler comme ils*
« *jugent à propos. L'écrit dont il s'agit est donc*
« *vraisemblablement sorti de la plume de quelque*
« *secrétaire ou de quelque ministre huguenot. Car*
« *les ministres de ce temps-là faisoient presque*
« *toujours la fonction de secrétaire quand*
« *il s'agissait d'écrire contre la maison de Guise*[1]. »

C'est à des insinuations que se réduit la démonstration du père Griffet : Il n'y a nulle apparence..... pour l'ordinaire..... vraisemblablement sorti de la plume d'un secrétaire..... Le savant critique, prévenu mais consciencieux, voudrait nier absolument, mais il a la sagesse de se retenir sur la pente du doute. Encore ne connaissait-il probablement pas le témoignage d'Olhagaray, annaliste provincial et huguenot par surcroît, peu en faveur dans les milieux catholiques et savants du XVIIIe siècle, ni la Planche, ni d'Aubigné, qui

---

1. — *Histoire de France* de Daniel, t. X, p. 120 et 558. Dissertation spéciale du P. Griffet.

passaient pour de simples pamphlétaires, même aux yeux des Bénédictins, ni certainement Nicolas de Bordenave, qui n'a été publié que de nos jours. Son jugement sur la futilité des princes, « qui ne « s'occupent pas pour l'ordinaire à composer de si « longs discours, » peut être fondé pour les princes et les princesses du xviii° siècle, mais non pour ceux du xvi°. Catherine de Médicis, Henri III, Henri IV ont plus écrit qu'un secrétaire de profession; l'œuvre épistolaire de la plupart des grands du xvi° siècle se chiffre par des milliers de lettres; Jeanne d'Albret était aussi assidue à sa correspondance que les Valois; le héros du père Griffet lui-même, le duc de Guise, écrivait, dit Monluc, à faire envie au greffier du Tillet[1]; *la plupart des Mémoires du xvi° siècle ont été rédigés par des princes ou par des grands capitaines. Il faut que le savant critique ait perdu le souvenir des manuscrits de la Bibliothèque du roi, qu'il connaissait cependant aussi bien, peut-être mieux que nous, pour dire que* « *les personnes d'un si haut rang ne* « *s'occupent pas pour l'ordinaire à composer de si* « *longs discours* » *et pour tirer argument de leur paresse prétendue.*

Il n'y a donc rien à reprocher à l'authenticité de l'autobiographie de Jeanne d'Albret. Nous avons

---

1. — Commentaires et lettres de Blaise de Monluc, édit. de la Soc. de l'Histoire de France, t. II, p. 258.

sous les yeux un document de premier ordre, un récit original de la plus grande valeur, aussi digne d'intéresser les historiens que de charmer les admirateurs de la reine de Navarre. Nous devons maintenant juger le livre en lui-même, peser son mérite historique et littéraire et exposer les motifs qui l'ont fait si longtemps oublier.

En écrivant ses Mémoires, Jeanne d'Albret n'avait pas l'ambition de raconter l'histoire de son temps ni même l'histoire de sa vie. Réduite à la nécessité de mettre les armes aux mains de son fils et d'abandonner à la fortune de la guerre son royaume et ses sujets, par un devoir qu'elle considère comme plus impérieux que ses devoirs de mère et de reine, elle ravive ses souvenirs et dresse un ardent réquisitoire contre ses ennemis. Les actes de perfidie, d'injustice, commis par les Guises, rivaux de son mari, défilent successivement dans cette revue du passé. Sous cette plume passionnée, les accusations se pressent, les récriminations s'accumulent. Toutes les révélations sont bonnes pour déconsidérer l'adversaire, toutes les armes pour le frapper. A force de conviction sur l'excellence de sa propre cause, l'auteur s'aveugle; les reproches glissent jusqu'à l'invective et les accusations jusqu'à l'invraisemblance. Ici elle expose les tentatives d'assassinat dirigées contre le roi de Navarre par le duc de Guise, manœuvres que le père Griffet a raison de révoquer en doute, non parce que François de

Lorraine en était incapable, mais parce qu'il n'en avait nul besoin. Là elle raconte la découverte par hasard, dans une maison de rencontre occupée par la cour, d'une lettre confidentielle qui dévoile l'accord du roi d'Espagne et de la maison de Guise. Plus loin elle énumère les crimes du cardinal de Lorraine, meurtres, trahisons, conjurations contre la vie du roi, de la reine, de tous les princes, mise à sac de la France entière. On est étonné de voir tant de forfaits commis par un seul homme, et, malgré soi, le lecteur le mieux disposé en faveur de la véracité de Jeanne d'Albret se prend à poser des points d'interrogation sur les marges du volume.

Pour expliquer ce réquisitoire, il faut rappeler que le but principal de la reine de Navarre est de nous présenter son apologie personnelle. Nous sommes en 1568. La seconde guerre civile venait de finir. Le traité de Longjumeau (23 mars 1568) n'avait été exécuté nulle part. La guerre civile était interrompue sur les grands champs de bataille, mais elle durait encore sur les places publiques des villes, dans les moindres villages, jusques dans l'intérieur des familles. Les meurtres isolés, les assassinats, les pillages, les représailles, les violences de toute sorte se multipliaient. Chaque parti, l'arme au bras, attendait l'occasion de se remettre en campagne et non plus seulement de vaincre, mais d'écraser son rival. Le roi, la reine mère étaient débordés par les séditieux des deux religions. Les promesses, bientôt oubliées par celui qui les faisait et par ceux qui les avaient sollicitées, les édits pacifiques, fantômes auxquels personne ne croyait, les déclarations, souvent contradictoires suivant les besoins du jour, les actes royaux se succédaient sans inspirer la moindre confiance. Au milieu de ce désordre, la reine mère crut faire un coup de maître en saisissant à la fois les principaux chefs du parti réformé, Condé et Coligny réfugiés en Bourgogne, d'Andelot en Bretagne, le cardinal de Chastillon en Normandie, Jeanne d'Albret et son fils en Guyenne. Le coup manqua. Condé et Coligny échappèrent avant l'heure de la surprise; d'Andelot s'ouvrit un passage l'épée à la main et rejoignit son frère; le cardinal de Chastillon passa en Angleterre; Jeanne d'Albret s'enfuit avec ses enfants à la Rochelle et se donna corps et âme à son parti. Elle lui apportait, avec le tribut de son dévouement et de sa mâle énergie, la plus haute autorité morale dont il ait pu jusqu'alors s'enorgueillir. La guerre était déclarée et débutait par un acte de trahison, dont les réformés, sur la foi d'une lettre interceptée qu'on trouvera plus loin, attribuaient l'invention au cardinal de Lorraine. On devine quels sentiments animaient ces princes et seigneurs fugitifs, assaillis au mépris de la foi jurée, réunis par une commune infortune, et qui venaient d'échapper à l'emprisonnement et peut-être au bourreau.

Il ne nous appartient pas de faire valoir le mérite littéraire des Mémoires de Jeanne d'Albret. On ne croit jamais un éditeur quand il dit au lecteur : Vous allez lire un chef-d'œuvre. Seulement nous conseillons aux gens de goût de feuilleter le livre. Ils n'y trouveront pas ces récits calmes et sereins, que de Thou, le modèle du genre, compare à un fleuve pacifique et sans vagues. Les Mémoires procèdent par bonds, comme un torrent impétueux, de 1560 à 1568. Au long de sa course, l'auteur nous révèle des faits nouveaux, corrige des erreurs, certifie des assertions douteuses. La forme est digne de l'écrivain. La pensée toujours élevée malgré ses emportements, le style ferme et net malgré son excessive recherche, se distinguent de la lourde rhétorique du temps. Si l'impartialité de l'historien est trop souvent étouffée par la passion calviniste, le récit gagne en mouvement ce qu'il perd en autorité. Au lecteur de se garder de toute faiblesse et de faire la part des tristes circonstances qui ont obligé la reine de Navarre à jeter son fils sur les champs de bataille et à prendre la plume pour l'excuser. La reine, la mère, la femme s'y peignent tout entières. La conscience de la reine, étrangère aux sombres machinations de la politique de son siècle, le grand cœur de la mère du meilleur de nos rois, le dévouement de la femme fidèle au parti qu'elle considère comme le parti de la vérité, animent ces pages, qui nous laissent l'impression « d'une princesse, n'ayant de

« *femme que le sexe, l'âme entière ès choses viriles,*
« *l'esprit puissant aux grandes affaires, le cœur*
« *invincible ès adversités* [1] », statue coulée en
bronze, qui mérite cette épigraphe de Quinte Curce,
Nihil præter vultum fœmineum gerens.

*Il est un éloge qu'il ne faut pas marchander à
la reine de Navarre. Dans cette revue du passé, on
ne trouve pas un mot de récrimination contre
Antoine de Bourbon. Que de fois le ressentiment des
injures essuyées a dû revenir à la mémoire de l'écrivain, lorsqu'elle raconte les efforts du parti catholique pour détacher d'elle ce mari* « *ondoyant et*
« *divers* », *l'introduction de rivales au foyer con-
jugal, les menaces de la répudiation, les mesures
prises pour la dépouiller de son royaume et la jeter
en prison, les tentatives d'enlèvement du prince de
Béarn, l'envoi d'un agent chargé de soudoyer la
révolte et la trahison en Béarn. Quand ces tristes
souvenirs reviennent à leur date, la reine de Navarre
glisse avec indulgence sur le nom du principal coupable. Antoine de Bourbon est représenté comme
une victime du cardinal de Lorraine, un homme
faible et trompé, plus à plaindre qu'à blâmer. Il
faut une rare élévation de sentiments pour laisser
tant de magnanimité à un cœur de femme.*

La reine de Navarre écrivit ses Mémoires *à la*

---

1. — Aubigné, *Histoire universelle*, édit. de la
Société de l'Histoire de France, t. III, p. 291.

Rochelle, sous le coup de l'irritation que lui causait la félonie du parti catholique, après novembre 1568 puisqu'elle parle des arrêts des parlements de Toulouse et de Bordeaux qui confisquent ses biens (voyez p. 112), avant la fin de décembre, date de l'ouverture des opérations militaires, puisque le prince de Condé, au moment où elle écrit, n'est pas encore sorti de la période des armements. Mais elle ne les laissa publier que plus tard, en 1570, avec les lettres qu'elle avait adressées de Bergerac au roi, à la reine, au duc d'Anjou et au cardinal de Bourbon. Ces Mémoires, qui dépassent en valeur tous les manifestes du parti réformé, furent glissés au milieu d'un volume aujourd'hui rare, Histoire de nostre temps contenant un Recueil des choses mémorables passées et publiées pour le faict de la religion et estat de la France despuis l'édit de pacifification du 23ᵉ jour de mars 1568 jusques au jour présent, *in-12, sans lieu d'impression, peut-être sorti des presses de la Rochelle ou d'Angleterre. Là, après un amas de pièces sans intérêt, de remontrances, discours, requêtes, répliques, mémoires, protestations, qui sentent du plus loin le verbiage pâteux des ministres, viennent les quatre lettres de la reine de Navarre que nous avons citées plus haut, et puis le texte des Mémoires. Encore l'éditeur, pour éteindre le retentissement de cette pièce capitale, l'étouffe-t-il sous ce titre* Ampliation desdictes lettres, contenant les occasions du partement de ladicte dame avec Monsieur le prince de Navarre et Madame Catherine, ses enfans, pour se venir joindre avec Monsieur le prince de Condé son beau-frère. *Telle est la lourde étiquette qui désigne au lecteur le récit le plus vif de la seconde moitié du* XVIe *siècle. On s'explique, en la trouvant perdue à la table d'un épais volume de plus de 800 pages, que peu de lecteurs aient eu la curiosité de l'y chercher. Voilà pourquoi les Mémoires de Jeanne d'Albret sont peu connus, et pourquoi, bien qu'ils aient été imprimés une fois, nous les présentons aux admirateurs de la reine de Navarre comme un document nouveau.*

MÉMOIRES

DE

JEANNE D'ALBRET

SOMMAIRES

Pourquoi Jeanne d'Albret écrit ses Mémoires. — Elle appartient à la Réforme depuis 1560. — Douleur qu'elle a éprouvée de l'apostasie de son mari. — François II veut faire assassiner le roi de Navarre à Orléans. — La reine mère fait avertir ce prince par la duchesse de Montpensier. (p. 1 à 12).

1562. — Les Guises veulent éloigner Jeanne d'Albret de la cour parce qu'elle travaillait à desciller les yeux de son mari. — Zèle du roi de Navarre en faveur de la Réforme au moment de l'édit de janvier. — Ouvertures dans les murailles ordonnées par la reine mère pour épier les seigneurs de la cour. — Jeanne d'Albret conseille à Catherine de Médicis de se réfugier à Orléans. — Elle quitte la cour sur l'ordre de son mari. — Catherine lui donne l'autorisation d'enlever le duc d'Anjou. — Le roi de Navarre veut faire emprisonner sa femme. — Jeanne s'échappe et s'enfuit en Guyenne. — Menacée par Monluc, elle se retire en Béarn. — Antoine de Bourbon envoie en Béarn le secrétaire Bologne pour y suspendre l'exercice de la Réforme. — Jeanne fait arrêter Bologne. — Mort du roi de Navarre (17 novembre 1562). (p. 12 à 30).

1564. — Jeanne d'Albret rejoint la cour de France à Mâcon (1er juin 1564). — Aventure de la lettre perdue par la duchesse de Guise. — Jeanne se retire à Vendôme. (p. 30 à 36).

1566. — Injustices commises contre la reine de Navarre à l'occasion du comté de Foix. — Iniquité de l'arrêt prononcé contre Françoise de Rohan. — On fait croire à la reine mère que Jeanne d'Albret veut la faire tuer et enlever le duc d'Anjou. — Savigny, bâtard d'Antoine de Bourbon, soupçonné de ce crime, est assassiné. (p. 36 à 45).

1567. — Jeanne d'Albret ramène son fils en Béarn. — Efforts du prince de Condé pour empêcher la reprise de la guerre. — Les contre-lettres du roi démentent les promesses de l'édit de pacification. — Jeanne reçoit à Saint-Gaudens la nouvelle de la prise d'armes de 1567. — Lettre de Jeanne d'Albret à la reine mère à cette nouvelle. (p. 45 à 56).

1568. — Missions de La Mothe Fénelon auprès de la reine de Navarre. — Jeanne refuse la charge de médiatrice entre les belligérants. — Elle envoie la Vaupilière à la cour pour porter ses plaintes au roi. — Elle demande à la reine l'autorisation pour son fils de parcourir la Guyenne afin de veiller à l'exécution des édits. — Le cardinal de Lorraine cherche à faire enlever Henri de Béarn par le s. de Losses. — Refus du roi aux demandes transmises par la Vaupilière. — Jeanne se retire à Nérac. (p. 56 à 71).

Jeanne d'Albret hésite à se réfugier à la Rochelle. — Ses incertitudes. — Sa crainte d'être séparée de ses enfants. — Elle désire voir son fils faire ses premières armes. — Riposte à la *Response à un certain escrit publié par l'Admiral et ses adhé-*

rans. — Elan des réformés à la prise d'armes de 1568. (p. 71 à 102).

Miraculeuse fuite de Noyers (23 août 1568). — Mesures prises par Monluc en Guyenne. — Jeanne d'Albret échappe de Nérac avec son fils (6 septembre 1568). — Mademoiselle de Nevers tombe malade à Casteljaloux. — Jeanne d'Albret rencontre La Mothe Fénelon à Tonneins. — Elle proteste contre l'arrêt du parlement de Toulouse et contre les lettres patentes envoyées par le roi au s. de Luxe. — Réponses plaisantes de Henri de Béarn à la Mothe Fénelon. — Voyage de Jeanne à travers le Périgord. — Son cortège prend la ville d'Eymet. — Rencontre du s. d'Escars, lieutenant de roi en Limousin. — Passage de la reine de Navarre à Mucidan. — Jeanne d'Albret et le prince de Condé se rencontrent près de Cognac. — Elle entre à la Rochelle (28 septembre 1568). — Henri de Béarn se rend à l'armée. (p. 102 à 121).

J'ay toujours estimé que, si la personne n'est satisfaicte de soy en soy mesme, le contentement que les autres en peuvent avoir ne luy est que demy sentiment du repos de sa conscience. Et parce que, par quelques lettres[1] que j'ay escrites au Roy[2], Monseigneur, à la Royne[3] sa mère, à Monsieur[4], son frère, et Monsieur le cardinal de Bourbon[5], mon beau-frère, et depuis à la Royne d'Angleterre[6], je n'ay touché que bien sommairement les choses que je désire plus amplement faire entendre à un

---

1. — On trouvera ces lettres à la suite des *Mémoires*.

2. — Charles IX.

3. — Catherine de Médicis.

4. — Henri de Valois, alors duc d'Anjou, plus tard Henri III.

5. — Charles de Bourbon, frère du feu roi de Navarre, plus tard proclamé roi de la Ligue sous le nom de Charles X.

6. — Elisabeth.

chacun, j'ay mis la main à la plume pour amplifier ce dont j'ay desclaré le principal subject en mes susdites lettres, touchant les occasions qui m'ont fait abandonner mes pays souverains[1]. Et, par ce que mon intention est de desclarer plus particulièrement les dictes occasions, que j'ay seulement tracées par mes lettres mentionnées cy-dessus, qui sont la Religion, le service du Roy, Monseigneur, et le devoir au sang, je diray, commençant par la Religion, que, depuis l'an mil cinq cents soixante, il n'y a personne qui ne sçache bien qu'il pleut à Dieu par sa grâce me retirer de l'idolatrie, où j'estoy trop plongée, et me recevoir en son Esglise[2].

1. — Cette phrase permet de dater exactement ces *Mémoires*. Jeanne d'Albret quitta Nérac le 6 septembre 1568 pour se réfugier à la Rochelle, où elle arriva avant le 28 septembre 1568. C'est après son arrivée qu'elle écrivit son autobiographie.

2. — Cette phrase tranche une question qui était restée douteuse, celle de l'époque où Jeanne d'Albret se fit protestante. Olhagaray (*Histoire de Foix, Béarn et Navarre*, p. 560) avait écrit qu'elle ne prit part à la cène que le jour de Pâques de 1561 (6 avril). L'autorité de cet annaliste, historiographe de Henri IV et contemporain des évènements qu'il raconte, paraissait trancher la question. Mais Bordenave (*Hist. de Foix et Navarre*, p. 108) fixe au 25 décembre 1560 la première profession publique de la reine de Navarre. Deux lettres, une de Calvin, que M. Bonnet date un peu arbitrairement du 16 janvier 1561 (*Lettres de Calvin*, t. II, p. 365), l'autre de Nicolas Throckmorton du 20 janvier (*Calendar foreign series*

Depuis ce temps-là, par sa mesme grâce, il m'y a faict persévérer, de sorte que je me suis toujours employée à l'avancement d'icelle. Et mesme, du temps du feu Roy [1], mon mary, lequel, s'estant retiré de ce premier zèle qu'il en avoit [2], me fut une dure espine, je ne diray pas au pied, mais au cœur, chacun sçait (et me sied mieux de le taire que d'en dire davantage) que les faveurs ou rigueurs [3] ne m'ont faict aller ne d'un

1560, p. 509), toutes deux adressées à la reine de Navarre, laissent encore des doutes. L'affirmation contenue dans le texte lève toutes les difficultés. Olhagaray se trompe de date et Bordenave a raison.

1. — Antoine de Bourbon, roi de Navarre, blessé au siège de Rouen, le 16 octobre 1562 et mort aux Andelys (Eure), le 17 novembre suivant.

2. — Antoine de Bourbon fut le véritable type de l'homme « merveilleusement vain, divers et ondo-« yant » dont parle Montaigne (*Essais*, liv. I, chap. I). Successivement catholique, calviniste et luthérien, il était devenu le chef du parti catholique lorsqu'il fut frappé à mort sous les murs de Rouen. Pendant sa lieutenance générale, en 1561 et en 1562, on le vit plusieurs fois changer de religion ou plutôt les professer toutes, suivant les nécessités de la politique. Nous avons raconté dans les tomes III et IV d'*Antoine de Bourbon et Jeanne d'Albret* les transformations religieuses de ce prince.

3. — Cette allusion amère rappelle les dures mesures de contrainte que Antoine de Bourbon prit contre Jeanne d'Albret, à la suite desquelles, au mois de juin 1562, la reine de Navarre s'enfuit en Béarn. Il essaya d'abord de la mener de force à la messe, puis de lui défendre d'assister au prêche. Il lui enleva son fils. Il avait formé le dessein de la répudier, et d'épouser Marie Stuart. Nous avons retracé ces faits dans *Antoine de Bourbon et Jeanne d'Albret*, t. IV, p. 78, 82, 97.

costé ne d'autre. J'ay tousjours, par la grâce de Dieu, suivi le droict chemin. Je conjoindray que, par ceste mesme faveur, et y adjousteray miraculeuse, mon fils a esté préservé parmi tant d'assauts en la pureté de sa Religion[1]. Ce n'est pas par sa prudence, force ou constance : car l'aage de huict ans[2], qu'il avoit lors seulement accomplis, ne luy pouvait apporter tout cela ; à Dieu seul donc en soit la gloire. Et, parce qu'en la lettre que j'escry à la Royne, je luy rementoy[3] le temps auquel ceux de la maison de Guyse et autres empiéterent le feu

---

1. — Jeanne d'Albret se trompe ou avait été mal informée. Obligée de laisser son fils à son mari en mars 1562, elle avait fait jurer à l'enfant qu'il resterait fidèle à la réforme. Pendant des mois entiers, malgré les gouverneurs et les conseillers, le petit prince de Béarn, à peine âgé de huit ans, résista aux volontés de son père. Enfin le 1er juin, il se laissa conduire à la messe pour recevoir le collier de l'ordre de Saint-Michel (Lettres de Perrenot de Chantonay, amb. d'Espagne, à Philippe II du 8 avril, 23 février, 19 mai et 3 juin 1562 ; Arch. nat., K 1497). L'année suivante le jeune prince entra au college de Navarre avec le duc d'Anjou et Henri de Lorraine et suivit les leçons de docteurs qui appartenaient à la religion catholique (Crevier, *Histoire de l'Université*, t. VI, p. 232, d'après P. Mathieu). Ces détails avaient peut être été cachés à Jenne d'Albret.

2. — Henri de Béarn était né le 13 décembre 1553. Nous avons publié, à la suite du tome I de l'*Histoire universelle* de d'Aubigné (édit. de la Soc. de l'Hist. de France) un mémoire sur la date controversée de la naissance de ce prince.

3. — *Ramentoir* ou *ramentevoir*, rappeler.

Roy, mon mari, je désire que chacun entende que, le paissans d'une vaine espérance de ravoir nostre royaume[1], l'abusans aussi de celui de Sardaigne[2], ils luy firent laisser le certain pour embrasser l'incertain : chose quasi incroyable, que ce prince, qui avoit si bon jugement, peut jamais rentrer en fiance d'eux. Et faut juger par là de quels artifices ils se sçavent aider, lors qu'ils veulent attirer une personne pour la ruiner. O combien de larmes de crocodile ce cardinal[3] a espandues, et de combien de finesses renardes ils

---

1. — En 1512 Ferdinand le Catholique s'était emparé de la Navarre espagnole, qui, avant cette date, appartenait à la maison d'Albret. Henri d'Albret avait usé sa vie à tâcher de reconquérir cette partie de son royaume. Son gendre et son successeur, Antoine de Bourbon, s'était inspiré de la même politique. C'est avec ce leurre que le parti catholique et espagnol, que Jeanne d'Albret personnifie ici dans les Guise, avait obtenu le retour d'Antoine à la religion catholique. Nous avons raconté ces faits dans *Le Mariage de Jeanne d'Albret* et dans *Antoine de Bourbon et Jeanne d'Albret*.

2. — Après d'interminables négociations que nous avons racontées dans les tomes III et IV d'*Antoine de Bourbon et Jeanne d'Albret*, Philippe II avait fini par déclarer que, la Navarre espagnole étant indispensable à son royaume, il ne pouvait la restituer, quelques fussent les droits de la maison d'Albret. Mais il avait offert une compensation, la Tunisie, qui ne lui appartenait pas, et enfin la Sardaigne. Les négociations se poursuivirent sur cette base chimérique jusqu'à la mort d'Antoine de Bourbon.

3. — Le cardinal Charles de Lorraine, mort en 1574.

se sont aidez, luy et son frère[1]; pour lesquels cognoistre ne faut que lire au psal. X. les 4 et 5 versets, à sçavoir :

D'un parler feint de deception, etc. [2]

Si quelqu'un a observé les mines du cardinal, il luy a veu faire le doux, le marmiteux, le las, si naifvement, que le prophete royal, ayant expérimenté telles manières d'hypocrites, leur a voulu bailler des marques pour estre recogneuz de tout le monde. Je suis contrainct de redire encore une fois que c'est une chose trop incroyable que ce prince se soit ainsi laissé enchanter à eux, qui ont faict comme le peintre; lequel, reblanchissant le tableau peint, efface ce qui y estoit, pour y mettre de nouveau ce qu'il

---

1. — François de Lorraine, duc de Guise.
2. — Voici les deux versets du psaume x, traduits par Clément Marot.

D'un parler fainct, plein de déception,
Le faux parjure est toujours embouché :
Dessous sa langue, avec oppression,
Désir de nuire est toujours embusqué.
Semble au brigand, qui, sur les champs caché,
L'innocent tue en caverne secrette,
Et de qui l'œil povres passans aguette.

Ainsi l'inique use de tour secret
Du lyon caut en sa tasnière, hélas!
Pour attraper l'homme simple et povret,
Et l'engloutir quand l'a pris en ses laqs;
Il faict le doux, le marmiteux, le las :
Mais sous cela, par sa force perverse,
Grand' quantité de povres gens renverse,

a en affection. Car, par ces ruses susdictes, ils lui effacèrent la mémoire des lasches et méchants tours [1] qu'ils lui avoyent faict, pour sur cet oubli repeindre leurs stratagèmes.

Et entre un nombre infini de maux, hontes et deshonneurs à luy procurez par eux, j'en mettray icy un, lequel, s'il estoit fabuleux, auroit affaire d'un poete pour le bien feindre; s'il estoit de peu de conséquence, d'un orateur pour le farder. Mais la vérité nue de ceste tragicomédie porte avec soy son ornement. C'est qu'au temps que Monsieur le prince, mon beau-frère, estoit prisonnier à Orléans [2], chacun sçait que ceux de Guise et leurs adhérans pourchassèrent la mort du feu Roy, mon mary, en diverses façons : premièrement par poison, à un disner, où il fut averti de n'aller point [3]. Une autre fois le soir, partant de chez le Roy, d'un coup de

---

1. — Allusion à la rivalité d'Antoine de Bourbon et du duc de Guise sous le règne de François II.

2. — Le prince Louis de Bourbon Condé, le plus ardent et le plus redoutable rival du duc de Guise, soupçonné d'avoir pris une part secrète à la conjuration d'Amboise, avait été appelé à Orléans, avec Antoine de Bourbon, par les ordres formels de François II, et arrêté le 30 octobre 1560.

3. — Ce passage a été presque littéralement copié par Regnier de la Planche (*Hist. de l'estat de France sous François II*, édit. Techener, 1836, col. 320), jusques à la première phrase inclusivement du troisième alinéa suivant. (*L'Estat de France* a été publié en 1576, in-8).

pistole. Mais Monsieur le Connestable avec ses enfants et autres amys et serviteurs dudict sieur Roy, mon mary, le soir se retirans à son logis, l'accompaignèrent si bien que l'on n'en peut approcher. L'on feroit cas de ces deux entreprinses, si la tierce par son exécration ne les surmontoit de trop. Qui est, qu'ayans failli à cela, ils persuadèrent le feu Roy François, dernier mort, de tuer le dict seigneur Roy, mon mary, de la façon que je vous diray : c'est qu'il feindroit d'estre malade et, n'ayant que sa robe de nuict et une dague à sa ceinture, envoyeroit quérir le dict seigneur en sa chambre, où il n'y devoit avoir que le sieur de Guyse, le cardinal de L'Orraine, le mareschal de S. André[1], et quelques uns advertis de ce qu'ils avoyent à faire; et le Roy, prenant une querelle d'Allemaigne, comme on dit, contre le dict seigneur, luy devoit donner un coup de dague et les autres l'achever. Cela fut conclud, après avoir esté débatu entre quelques particuliers (où néanmoins il y eut de différentes opinions) et quelques uns, qui ne pouvoyent consentir à une telle cruauté que faire souiller la main de nostre jeune Roy dans son propre sang. Néanmoins

---

1. — Jacques d'Albon, s. de Saint-André, maréchal de France, du parti des Guises.

l'ambition et envie de régner de ceux de Guyse leur fit eslire ce moyen non simplement illicite, mais du tout barbare, et plus propre aux canibales, qui se mangent l'un l'autre et ne cognoissent point de Dieu, qu'à ceux qui, encores qu'ils ne le croyent, en sçavent un.

Cela donc arresté, la Royne en fut advertie par le Roy mesme ou autre, et fit ceste faveur et honneur au dict feu Roy, mon mary, de le faire advertir par le moyen de Madame la duchesse de Montpensier[1]. Et de vray il me souvient que Sa Majesté m'a souvent dit que le Roy, mon mary, estoit obligé à elle de sa vie et que, si la dicte duchesse de Montpensier était en vie[2], elle luy en seroit tesmoing. Selon cest impie conseil, nonobstant l'opposition d'aucuns, le feu Roy François envoya quérir le feu Roy, mon mary, pour venir parler seul à luy en sa chambre, où il estoit seul aussi avec ceux de la conjuration seulement. Le dict Roy, mon mary, fut adverti de n'y aller et trouver quelque excuse : ce qu'il fit la première fois. Il le renvoya quérir la seconde, à laquelle il

1. — Jacqueline de Longwy, duchesse de Montpensier, confidente de la reine mère.

2. — La duchesse de Montpensier mourut le 28 août 1561.

fut encor conseillé de n'y aller par un qui luy dict la vérité de leur délibération. A la fin, poussé d'un cœur magnanime, et aussi que la pureté de sa conscience en ce faict l'empeschoit d'appréhender ceste mort, il se résolut d'y aller et mener seulement quelques uns avec luy : entre autres le capitaine Ranty[1], lieutenant de sa compaignie, gentilhomme en qui il se fioit, et qui avoit esté nourri d'enfance avec luy. Montant le degré de la chambre du Roy, il trouva encores quelqu'un qui le voulut arrester, luy disant : « Sire, où vous allez-vous perdre ? » Mais, comme résolu qu'il estoit, se tourna lors vers le dit capitaine Ranty qui le suivoit et luy dit : « Capitaine Ranty, je m'en vay au
« lieu où l'on a conjuré ma mort, mais
« jamais peau ne fut vendue si chère que je
« leur vendray la mienne. S'il plaist à Dieu,
« il me sauvera ; mais je vous prie, par la
« fidélité que j'ay toujours cognue en vous
« et vostre bonne nourriture ensemble, et
« l'amitié que je vous ay portée, me faire ce

---

1. — Jacques de Ranty, lieutenant de la compagnie d'ordonnance du roi de Navarre (montre du 13 janvier 1559 (1560); f. f., vol. 2.800, f. 12). Il resta fidèle au parti réformé, car on le retrouve auprès de Jeanne d'Albret à la Rochelle, à la fin de 1569 (Lettre du 13 nov. 1569 écrite par Jeanne à son neveu le prince de Condé; *Record office, state paper,* France, vol. 46).

« dernier service, que, si j'y meur, que vous
« recouvriez la chemise que j'ay sur moy, et
« la portiez toute sanglante à ma femme et
« à mon fils; et conjurez ma dicte femme, par
« la grande amour qu'elle m'a tousjours
« portée, et par son devoir, puisque mon fils
« n'est encore en aage de pouvoir venger
« ma mort, qu'elle envoye ma dicte chemise
« percée et sanglante, comme, si je meur,
« elle le fera, aux princes estrangers et
« chrestiens pour venger ma mort si cruelle
« et si traistresse. » Et sur ces parolles
entra en la chambre du Roy, où incontinent
le cardinal de L'Orraine ferma la porte par
dedans après luy. Et le Roy lui tint quelques
rudes propos, ausquels il répondit avec tout
devoir de révérence et néanmoins regardant
ses ennemis d'un œil, que, les uns et les
autres estonnez, les choses se passèrent en
paroles. Et le duc de Guyse et son frère,
retirés en une fenetre, usèrent de ces mots
dignes de leur impudence, parlants du Roy:
« Voilà le plus poltron cœur qui fut jamais. »
Et, ouvrans la porte, s'en allèrent.

Il ne faut nullement doubter que la vertu
de Dieu qui bride la rage des méchants, et
tient en sa main le cœur des roys ne s'estendit sur l'un et sur l'autre : sur le Roy,
nostre Souverain, pour ne luy permettre

estre parricide, commettant en son sang un si lasche tour, et pour, par cest empeschement-là, attiser la fournaise de fureur où brusloyent ces proditeurs [1] ; et sur le Roy, mon mary, aussy pour luy faire paroistre qu'il est père soigneux de ses enfants et que un cheveu de nostre teste ne peut tomber sans sa providence, quelques assurances que puissent prendre les méchans de leurs conjurations.

Voilà ce que j'ay peu entendre du faict, seulement en passant de la propre bouche du feu Roy, mon mary, et du capitaine Ranty. Mais en voulant depuis [2] rafreichir ma mémoire [3], les dicts de Guyse avoyent desjà commencé à le posséder de telle façon que je n'en peuz plus rien sçavoir de luy [4]. Et parce que je m'opposoy à leurs façons damnables, et qu'ils craignoyent que, battant tousjours l'oreille du dict sieur de ses

---

1. — *Proditeur (proditor)* traître.

2. — Jeanne d'Albret n'était pas alors à la cour. Elle ne revit son mari que neuf mois après les évènements qu'elle raconte, à la fin du mois d'août 1561.

3. — C'est-à-dire, *Lorsque je voulus depuis rafreichir ma mémoire sur ces faits.*

4. — Dans cet intervalle de neuf mois, Antoine de Bourbon avait changé de parti. Le récit de Jeanne d'Albret est d'autant plus précieux qu'il nous fait connaître la date de l'évolution du prince vers le parti catholique.

exemples du temps passé[1], j'empeschasse leur dessein, ils m'en firent eslongner[2], comme il est tout clair par le courroux, qu'il eut contre le cardinal, qui luy avoit promis de ne pourchasser le mariage de son frère, le grand Prieur[3], avec Madame de Nevers[4], qui est maintenant Madame de Longueville, et y avoit néantmoins sous main et secrettement envoyé; et luy en cuidant venir faire les excuses, le dict feu Roy, mon mary, luy reprochant son ingratitude, allégua ce qu'il

1. — Ce passage confirme un récit de Brantome qui dit que c'était Antoine de Bourbon qui avait attiré sa femme à la réforme. Jeanne d'Albret qui, dans sa jeunesse, « aimait bien autant une danse « qu'un sermon, » ne voulait pas mécontenter le roi Henri II en se livrant aux Calvinistes. « Je tiens de « bon lieu, dit Brantome, qu'elle le remontra un jour « au roy, son mari, et lui dit tout à trac que, s'il « vouloit ruiner et perdre son bien, elle ne vouloit « point perdre le sien. » (Brantome, édit. de la Soc. de l'Hist. de France, t. IV, p. 362.

2. — Jeanne d'Albret fut chassée de la cour et d'auprès son mari par le parti lorrain et espagnol à la fin de mars 1562. Nous avons raconté cet épisode de la vie de la reine de Navarre dans *Antoine de Bourbon et Jeanne d'Albret*, t. IV, p. 82 et suiv.

3. — François de Lorraine, frère cadet du duc de Guise, grand prieur de France et général des galères.

4. — Marie de Bourbon d'Estouteville, femme en premières noces de Jean de Bourbon, s. d'Enghien, frère d'Antoine de Bourbon, en secondes noces de François de Cleves, duc de Nevers, fut recherchée en troisièmes noces par le grand prieur de France, avec l'appui de la maison de Guise; mais elle épousa Léonor d'Orléans, duc de Longueville.

avait faict pour luy; disant ces propres mots :
« Vous m'avez faict chasser ma femme
« d'auprès de moy, séparé de mon frère [1],
« (parlant de M. le prince de Condé) et
« eslongner mes meilleurs serviteurs et puis
« vous me venez ici tromper et abuser. »
Si lors ceste cognoissance se fust engravée
en son cœur, comme legèrement elle passa,
il fust peut estre en vie. Et, s'il l'estoit à
ceste heure, je m'asseure, veu ce qu'il recognut à sa mort [2], qu'il seroit où son fils est

1. — Dans les paroles qu'elle prête à son mari, Jeanne d'Albret est injuste pour le cardinal de Lorraine. Ce n'était pas le cardinal qui avait éloigné Condé. Celui-ci s'était éloigné tout seul en prenant les armes contre le roi, dont Antoine de Bourbon était lieutenant-général.

2. — Ce passage tranche la question controversée des sentiments religieux d'Antoine de Bourbon à l'heure de sa mort. Théodore de Beze (*Hist. eccles.*, 1882. t. II, p. 173), De Thou (1740, t. III, p. 336), Bordenave (p. 114) racontent qu'il reçut les derniers sacrements et mourut catholique. Le fait des derniers sacrements n'est pas douteux. Malgré ce témoignage, Raphaël de Taillevis, s. de la Mezière, le médecin qui assista le prince à ses derniers moments, dans un récit qui lui est attribué par Brantome (t. IV, p. 419) et qui est publié dans les *Mémoires de Condé* (t. IV, p. 116), assure que, avant de mourir, il fit une profession de foi luthérienne de la confession d'Ausbourg. Cette assertion aurait peu d'autorité, surtout en regard de celles de de Bèze, de de Thou et de Bordenave, mais elle est expressément confirmée par plusieurs lettres de l'ambassadeur Vénitien, Marc Antoine Barbaro, que nous avons publiées dans le tome IV de *Antoine de Bourbon et Jeanne d'Albret*, p. 373. On voit par le récit de Jeanne d'Albret que Taillevis et Barbaro étaient bien informés.

maintenant[1]. Mais Madame de Guyse le vint voir le soir, qui rabilla tout[2].

Voilà comment abusant de sa bonté, ils luy firent jouer un si piteux rolle au pris de sa réputation, et à la fin de sa vie. Je m'esbahy donc comme la Royne, sçachant si bien ce piteux acte, permet près de nostre Roy un tel sanguinaire que le Cardinal, et qu'elle n'a crainte qu'il face au Roy ou à elle mesme quelque mauvais tour : car quelle seureté y a-il ès personnes sanguinolentes[3], à qui la crainte de Dieu, l'honneur, la preudhomie, le sang, la honte, ne quelconque amitié ou obligation ne peuvent brider ce cruel naturel? Ce que je dy en la lettre par moy escrite à Sa Majesté, sçavoir de sa propre bouche la fascherie qu'elle avoit de voir ainsy mener ledict feu Roy, mon mary. Espérant que quelque jour elle lira cecy, je la supplie très humblement se souvenir des regrets qu'elle m'en faisoit à Saint-Germain[4]; et mesmes comme elle fut marrie

---

1. — C'est-à-dire à la tête du parti réformé. Il ne faut pas oublier que les Mémoires de Jeanne d'Albret ont été écrits vers le mois d'octobre ou de novembre 1568.

2. — Cette querelle du roi de Navarre avec le cardinal de Lorraine au sujet du mariage de la duchesse de Nevers est un fait nouveau.

3. — *Sanguinolentes*, sanguinaires.

4. — Pendant un certain temps, en 1562, lorsque

de quoy le mareschal de Saint-André et le cardinal de Tournon[1] le menèrent à Paris pour parler aux gens de la cour de Parlement[2], et empescher[3] la publication de l'Edict de Janvier[4]; où elle-mesme alla après[5], et n'y sçeut rien faire[6].

la reine mère flottait encore indécise entre l'un et l'autre parti, Jeanne d'Albret fut la conseillère favorite de la reine. Cette faveur dura peu et fut remplacée, lorsque Catherine eut pu sonder le grand cœur de la reine de Navarre, par une haine irrémédiable. Nous avons réuni dans le tome III d'*Antoine de Bourbon et de Jeanne d'Albret* les curieux témoignages des ambassadeurs étrangers à ce sujet.

1. — François, cardinal de Tournon, doyen d'âge au colloque de Poissy, un des chefs les plus autorisés du clergé, mort en 1562.

2. — Le roi de Navarre était porteur d'une injonction du roi, datée du 23 janvier 1562, qui est imprimée dans les *Mémoires de Condé*, t. III, p. 26, et d'une injonction de la reine mère (*Lettres de Catherine de Médicis*, t. I, p. 272).

3. — La phrase est si obscure que Jeanne d'Albret semble dire le contraire de la vérité. Le maréchal de Saint-André et le cardinal de Tournon avaient conduit la reine mère à Paris pour la forcer, à l'aide du parlement, à retirer l'édit de janvier. Mais le contraire arriva. Voyez les notes suivantes. Nous avons raconté ces faits dans *Antoine de Bourbon et Jeanne d'Albret*, t. IV, p. 23 et suiv.

4. — L'édict du 17 janvier 1562, qui inaugurait, quoique avec certaines restrictions, la liberté des prêches, était l'œuvre personnelle du chancelier de l'Hospital. Il a été imprimé souvent et se trouve notamment dans les *Mémoires de Condé*, t. III, p. 8.

5. — Ce fut le 19 février 1562 que la reine mère se rendit en personne à cheval au parlement pour le décider à enregistrer l'édit de janvier. Cette démarche est racontée dans les *Mémoires de Claude Haton* t. I, p. 187.

6. — Le parlement de Paris, contraint et forcé

Durant ce temps-là que ledict Edict se débattoit à Sainct Germain, elle sçait combien elle m'employa, ou fust pour parler au feu Roy, mon mary, afin de l'adoucir, ou pour luy rapporter ce que j'en pourroy apprendre : estant Sa dicte Majesté pour lors assez affectionnée à la cause de la religion. Cela luy ramenera, s'il luy plaît, en la mémoire les pertuis qu'elle fit faire, tant en son cabinet sur celuy du feu Roy, mon mary, à Saint Germain en Laye, pour ouyr les conseils du cardinal, du cardinal de Tournon, maréchal de Saint-André, des Cars [1] et d'autres, qu'en celuy de ma chambre sur celle du dict cardinal de Tournon [2]. Trouva-

---

par les injonctions du roi et de la reine, ne se résigna que le 6 mars 1562 à enregistrer l'édit de janvier (*Mémoires de Condé*, t. III, p. 20). L'arrêt de vérification fut retardé jusqu'au 26 mars (Gentil, *Mémoires du Clergé*, t. VI, p. 512).

1. — François de Peyrusse, comte d'Escars, favori et confident du roi de Navarre, seigneur catholique, passait pour être vendu aux Guises.

2. — Ces cachettes, *pertuis*, ouvertures secrètes que la reine mère faisait creuser dans les murs pour espionner les seigneurs de la cour et surprendre leurs secrets, ne sont pas les procédés les moins curieux de sa politique. Il est intéressant de voir confirmer ces allégations par un témoin aussi autorisé que la reine de Navarre. Dans une autre circonstance, (l'enquête relative à la tentative d'enlèvement du duc d'Anjou par le duc de Nemours), il fut révélé que, dans le cabinet du roi, la reine mère faisait cacher des suivantes derrière les tapisseries, le long des murs, pour écouter les

elle pas en cela une fidélité en moy telle, que, par ce qu'il alloit en premier lieu de la gloire de Dieu, secondement du bien de ce royaume, j'ouvroy les yeux à mon devoir de l'âme pour boucher ceux de l'affection à un mari, jusques à luy faire voir des lettres que le prévost des marchans, nommé Versigny [1], avoit apportées au dit feu Roy, mon mary, signées des dicts sieurs de Guyse et autres [2], qui estoyent à Paris, où le dict seigneur les alla trouver après.

Ce n'est sans occasion que je luy ramentoy aussi Fontainebleau [3]. Car l'ayant laissée le soir résolue de partir pour aller a Orléans [4], le lendemain matin, sçachant qu'elle branloit en ceste délibération, je m'en allay la trouver

conversations. Voyez *Antoine de Bourbon et Jeanne d'Albret*, t. III, p. 231.

1. — Guillaume de Marle, s. de Versigny.

2. — Il s'agit probablement ici de la protestation des notables de Paris contre l'édit de janvier, qui fut apporté à la reine à Saint-Germain par le prévost des marchands. Cette protestation est imprimée dans le *Bulletin de la Soc. de l'hist. du Prot. français*, t. XVII, p. 534.

3. — Le roi et la reine arrivèrent à Fontainebleau le 18 mars 1562, conduits par le roi de Navarre (*Lettres de Catherine de Médicis*, t. I. p. 284).

4. — La ville d'Orléans n'avait pas encore été prise par les réformés et ne le fut que le 1er avril. Elle était gouvernée par le prince de la Roche-sur-Yon et Catherine pouvait se flatter d'y trouver un asyle contre les menées des deux partis.

en un jardin, où elle faisoit faire une laitterie au bout, et luy remonstrer le tort qu'elle se feroit si elle ne continuoit ce voyage [1] et qu'elle ostoit par cela le moyen à ceux à qui elle avoit faict prendre les armes [2], de faire le service au Roy et à elle tel qu'ils désireroyent. Et ayant débattu d'un coté et d'autres plusieurs choses, elle m'asseura qu'elle partiroit dans huict jours. Mais au soupper après elle conclud avec les maistres d'hôtel du Roy et les sieurs de passer le caresme [3] au dict Fontainebleau, persuadée par des personnes qui estoyent à l'entour d'elle à la dévotion de ceux de Guyse, ayant tousjours opinion qu'elle pourroit, quand elle voudroit, eschapper de là; ce qu'elle ne sçeut faire quand elle voulut [4].

1. — Cette affirmation est intéressante à relever si elle est fondée en tout point. Catherine de Médicis avait toujours passé pour indécise entre les deux partis. D'après Jeanne d'Albret elle aurait été résolue à se livrer à la réforme.

2. — Voilà la thèse au nom de laquelle Condé et le parti huguenot prirent les armes. Catherine avait écrit à Condé quatre lettres, de teneur confuse, pour lui recommander les intérêts du roi. Le prince feignit d'interpréter ces lettres comme un ordre de prendre les armes. Elles ont été réimprimées dans *Lettres de Catherine de Médicis*, t. I, p. 281 et suiv.

3. — C'est-à-dire la fin du Carême, car Pâques, en 1562, tomba le 29 mars et nous sommes arrivés au 20 ou au 21 mars.

4. — Peut-être la reine espérait-elle être enlevée

Durant ce temps-là Sa Majesté, sçachant quelque chose qui se complotoit au dict Paris contre sa volonté [1] et ce qu'elle avoit arresté avec Monsieur le Prince, mon frère [2], tant par lettres que par messages, et mesmes par le sieur de Bouchavannes [3], m'envoya un maistre des requestes du Roy, nommé Belesbat [4], estant malade en mon lict [5], pour me prier avec grande instance, (encores que je tinse le moindre de ses commendemens à honneur et faveur) d'envoyer secrettement

et conduite à Orléans avec le roi par le prince de Condé, chef du parti réformé. Jeanne d'Albret l'affirme ici, mais le point reste douteux. Condé s'attarda à attendre les capitaines de son parti à Meaux et le triumvirat catholique, gagnant Condé de vitesse, surprit le roi et la reine le 26 mars, et les conduisit, de gré ou de force, à Paris le 31 mars. Nous avons raconté ces évènements avec détails dans le t. IV, d'*Antoine de Bourbon et de Jeanne d'Albret*, p. 130 et suiv.

1. — Allusion au projet du triumvirat catholique de ramener la cour à tout prix à Paris. Voyez la note précédente.

2. — *Le prince* (le prince de Condé), *mon frère*, c'est à dire *mon beau frère*.

3. — Antoine de Bayancourt, s. de Bouchavannes, lieutenant de la compagnie d'hommes d'armes du prince de Condé.

4. — Michel de Hurault, s. de Fay et de Belesbat, plus tard serviteur fidèle du roi de Navarre.

5. — Jeanne d'Albret souffrait d'un mal secret, sur lequel les documents contemporains ne s'expliquent qu'à mots couverts. Voyez les témoignages que nous avons recueillis sur ce point dans le tome IV d'*Antoine de Bourbon et Jeanne d'Albret*, t. IV, p. 80.

quelqu'un des miens vers mon dict sieur le prince de Condé, mon beau-frère, et Monsieur l'Admiral[1], pour les avertir de ne croire chose signée du Roy, ne scellée de son seel, car d'orenavant il feroit tout par contraincte. Celuy que j'y envoyay par son commandement s'appelle Brandon[2], autrement Bladre, qui estoit à moy et maintenant maistre d'hostel de Monsieur de Longueville[3]. Je l'estime princesse si vertueuse et véritable qu'elle m'advouera toujours ce service-là. Et aussi fera celuy qui me le dist de sa part, qu'elle mesme de sa bouche m'a depuis approuvé, et Brandon le messager et les autres qui ont receu le message et la lettre de créance de moy. Le Roy, mon mary, de retour de Paris, me fit aussi tost partir de la cour, qu'eux et moy en même temps deslogeames de Fontainebleau[4].

1. — L'amiral de Coligny.
2. — Victor Brodeau, s. de la Chassetiere, secrétaire des commandements de Jeanne d'Albret. Antoine de Bourbon, probablement informé de la confiance que sa femme avait en cet officier, le lui enleva par un ordre daté du 26 avril 1562 (*Lettres d'Antoine de Bourbon et de Jeanne d'Albret*, p. 386).
3. — Leonor d'Orleans, duc de Longueville.
4. — Jeanne d'Albret commet ici une légère erreur. La cour ne quitta Fontainebleau que le 31 mars 1562 (Voyez *Antoine de Bourbon et Jeanne d'Albret*, t. IV, p. 133). Quant à elle, elle devait être partie pour Meaux depuis au moins trois jours puis-

Je lairray à ceux qui ont escrit ce voyage de leur mains pour dire le mien, et n'oublieray l'honneur et faveur que je receu du Roy, de la Royne et Monsieur au partir, où ils me commandèrent de leur nommer un mien serviteur, par lequel, avec lettres de créance ou mesme sans lettre, pour la fiance que j'avoy en luy, ils me pourroyent mander, et moy à eux, ce qui seroit pour leur service; ce que je fey. Et fut nommé le dict Brandon, celuy mesme qui y avoit esté desjà employé. Je m'asseure que mon fils a assez bonne mémoire pour s'en souvenir, et que luy nomma aussi le sieur de Beauvoir[1], pour lors maistre de sa garde robe, et maintenant son gouverneur, pour par son moyen estre advertie fidèlement de ce qu'il leur plairoit que je sçeusse. Leurs Majestés m'asseurèrent aussi de la fiance qu'ils avoyent en ceux qui par leur commandement avoyent prins les armes; me commandans de les voir en passant par Orléans, et leur dire plusieurs

---

que, d'après des témoignages incontestés, elle se separa de son beau frère à Meaux le 29 mars, jour de Pâques (Lettre de de Bèze à Calvin du 28 mars 1562; Baum, *Theodor Beza*, Preuves, p. 176).

1. — Louis de Goulard, s. de Beauvais, un des conseillers favoris de Jeanne d'Albret à la fin de la vie de cette princesse (*Mémoires de la Huguerye*, t. I, p. 47). Il fut assassiné à la saint Barthélémy.

choses de leur part, ce qu'une expresse defense du feu Roy, mon mary, comme j'en ay encores la lettre, m'empescha de faire. Mais à un village, nommé Olivet[1], ces seigneurs[2], qui estoyent à Orléans[3], m'envoyèrent M. de Bèze[4], auquel je dy le tout.

Depuis, arrivée à Vendome[5] chez moy, je renvoyay Brandon vers la Royne, lequel au retour m'apporta de ses lettres, par lesquelles elle me commandoit de prier Monsieur le Prince, mon beau-frère, de laisser les armes[6]. Mais la créance du porteur

---

1. — Olivet (Loiret). Le passage de Jeanne à Olivet nous fait connaitre la route qu'elle suivit pour aller de Fontainebleau à Vendome.

2. — *Ces seigneurs*, c'est à dire Condé et Coligny, qui venaient de commencer la guerre civile en prenant la ville d'Orléans.

3. — Condé et Coligny n'étaient entrés à Orléans que le matin du 2 avril 1562. Le passage de Jeanne d'Albret à Olivet ne peut donc être antérieur à cette date.

4. — Theodore de Bèze, auteur de l'*Histoire ecclésiastique des églises réformées de France*. Il fit un court séjour auprès de la reine de Navarre. Le 5 avril 1562 il était revenu à Orléans (Lettre de cette date à Calvin, Baum, *Theodor Beza*, pieces justificatives, p. 177).

5. — Jeanne d'Albret arriva à Vendome dans le courant d'avril, mais nous ignorons la date exacte. Elle y était le 3 mai 1562 (*Lettres d'Antoine de Bourbon et de Jehanne d'Albret*, p. 251).

6. — La lettre de Catherine de Médicis est perdue, mais la réponse de Jeanne d'Albret a été imprimée dans *Lettres d'Antoine de Bourbon et de Jeanne d'Albret*, p. 251.

estoit que, des Cars estant venu en sa chambre pour luy faire escrire la dicte lettre, n'avoit bougé cependant qu'elle escrivoit d'auprès d'elle ; qui estoit cause qu'elle avoit été contraincte d'escrire le contraire de la créance dite au gentilhomme ; qui davantage me dit de par elle, que, si je voyoy les choses aller si mal que le roy fust plus resserré, que j'allasse à Amboise, sous couleur d'aller faire la révérence à Monsieur le Duc, que l'on nommoit lors Monsieur d'Anjou, et Madame Marguerite[1], sœur du roy, et que je les emmenasse à Orléans. Et pour cela avoit, le sieur de Bourdaisyere[2], un commandement de me laisser entrer audict Amboise, avec telle compagnie qu'il me plairoit.

Et ce qui me garda d'exécuter ce com-

---

1. — Hercules de Valois, plus tard François de Valois, duc d'Alençon, portait alors le titre de duc d'Anjou, que la reine mère fit passer à son frère ainé. — *Madame Marguerite* est Marguerite de Valois, plus tard femme de Henri IV.

2. — Jean Babou de la Bourdaisière, capitaine, gouverneur des enfants de France sous le règne de Charles IX, maitre général de l'artillerie, mort le 11 octobre 1569. Il a souvent été confondu avec son frère, Philibert Babou, évêque d'Angoulême et d'Auxerre, cardinal, ambassadeur à Rome jusqu'à sa mort (1570). Cette confusion provient de ce que Jean Babou remplit aussi une mission à Rome, à l'avènement de François II, mais une mission de courte durée, celle de présenter les lettres d'obédience du nouveau roi. (*Mémoires de Ribier*, t. II, *passim*).

mandement, fut un congé que me donna le feu Roy, mon mary, de me retirer chez moy en Béarn : ce que je fei[1], et si à propos, que, si j'eusse attendu huict jours à partir, il avoit promis au cardinal de L'Orraine de m'enfermer dans l'une de ses maisons[2]. Et mesme lors qu'il luy fit cette promesse, le dict vénérable cardinal, avec une grave exclamation, luy répondit : « Monsieur, voilà « un acte digne de vous! Dieu vous doint « bonne vie et longue. » Mais le dit Brandon, que j'avoy renvoyé vers la Royne, et qui me rapportoit un nouveau commandement du feu Roy, mon mary, pour m'arrester à Vendosme, me trouva à Chastelheraut; qui fut cause que je parachevay mon voyage. Et m'en vins passer par Caumont[3], où je fus

1. — Jeanne d'Albret partit dans le courant de juin 1562 pour la Gascogne, mais nous ne connaissons pas la date exacte.

2. — Cette allégation est confirmée par une lettre de Perrenot de Chantonay, ambassadeur d'Espagne, à Philippe II. Antoine de Bourbon était résolu à faire mettre sous séquestre, par un arret du conseil du roi, le royaume de Béarn comme biens de son fils mineur, et à s'en faire nommer administrateur. Quant à Jeanne d'Albret, elle devait être emprisonnée dans une forteresse. La lettre de Chantonay, datée du 6 juin 1562, est conservée en original aux Archives nationales, K. 1498, n° 6. Bordenave parle, sans donner autant de détails, des projets d'Antoine de Bourbon contre sa femme (*Hist. de Foix et Navarre*, p. 110).

3. — Jeanne d'Albret n'arriva que le 22 juillet 1562

arrestée par maladie[1], où cependant j'essayay avec feu Monsieur de Burie[2] et Monluc[3] rendre la Guyenne pacifique[4], me faisant forte, s'ils me vouloyent croire[5],

---

au chateau de Caumont (Lot-et-Garonne), mais elle était arrivée en Gascogne avant le 3 juillet. Blaise de Monluc signale en effet sa présence à Duras (Lot-et-Garonne) le lendemain du combat de Nérac *(Commentaires et lettres de B. de Monluc,* t. II, p. 426). Plusieurs historiens ont écrit, que, le 19 juillet, elle était à Nérac et qu'elle rendit une ordonnance contre les catholiques, laquelle est analysée, d'après une copie du temps, par Monlezun, *Hist. de la Gascogne*, t. v, p. 294. Nous croyons pouvoir contester l'existence de cette ordonnance, au moins sous cette date. Mais ce n'est pas ici le lieu d'engager une dissertation sur ce point. Du reste cette partie de l'histoire de la reine de Navarre est très obscure et attend des éclaircissements que nous tacherons de lui donner plus tard.

1. — Blaise de Monluc, dans ses *Commentaires* dit que la reine de Navarre s'arrêta peu au chateau de Caumont (t. II, p. 449), mais il parait que le séjour de la princesse dura quelques jours, car deux capitaines, Moret et Chevallier, furent chargés d'y conduire une compagnie de vingt arquebusiers pour sa défense (Bordenave, *Hist. de Béarn et Navarre*, p. 110, note, pièce analysée par l'éditeur).

2. — Charles de Coucy, s. de Burie, lieutenant du roi en Guyenne.

3. — Blaise de Monluc, l'auteur des *Commentaires.*

4. — Theodore de Bèze raconte que la reine de Navarre convoqua Burie à Caumont, mais que celui-ci, sur le conseil de sa femme, qui cependant appartenait à une famille de capitaines protestants, répondit à la princesse une lettre de menaces « disant qu'il avait commandement exprès de mettre « les Espagnols en son pays de Béarn, si elle « remuait quelque chose. » (*Hist. ecclésiastique*, 1882, t. II, p. 226).

5. — Blaise de Monluc raconte qu'il marchait au

de faire que Monsieur de Duras[1] s'en retourneroit à Orléans[2]. Il y a encores en la dicte Guyenne qui sçavent, et Monsieur de Caumont[3] mesme, de quel zèle pour la gloire de Dieu et le service du Roy, joint à icelluy, j'estoy menée et n'y ayant peu faire ce que j'eusse désiré, parce que par la trame du cardinal de L'Orraine, de ce temps-là s'aidant du sieur de Guyse, son frère, à qui il faisoit jouer le jeu, le sieur de Burie et Monluc

---

secours de Bordeaux, quand, le 3 juillet, il reçut un secrétaire de la reine de Navarre, lequel avait charge de lui dire que la princesse allait pacifier la Guyenne et qu'il devait arrêter sa marche sur Bordeaux. Il crut ou feignit de croire que cette affirmation pacifique était une ruse pour l'empêcher de secourir la ville, alors gravement menacée par les réformés (*Commentaires et lettres*, t. II, p. 426). Il est juste de dire qu'un officier de finances, le général Portal, porte ce témoignage en faveur de Jeanne d'Albret qu'elle voulait sincèrement la paix, mais que Burie et Monluc n'avaient jamais pu s'accorder avec elle, parce qu'ils refusaient d'exécuter l'édit de janvier. Portal dénonça ces faits au roi. Sa lettre, datée du 17 août 1562, est conservée en copie du temps dans le vol. 15,876 du f. fr., f. 440.

1. — Symphorien de Durfort, s. de Duras, chef des réformés en Guyenne.

2. — Telles étaient les instructions du prince de Condé, qui s'efforçait de centraliser à Orléans toutes les forces de son parti. Jeanne d'Albret proposait donc à Blaise de Monluc, comme un bienfait, ce qu'il était de son devoir d'éviter à tout prix.

3. — François Nompar de Caumont, s. de Castelnau de la Force, seigneur huguenot, tué à la saint Barthélémy.

furent séparez [1], et, l'un par l'envie de l'autre, se mirent à faire du pis qu'ils peurent contre ceux de la Religion réformée [2].

Voyant cela, j'envoyai un mien maistre d'hostel, nommé Roques [3], vers la Royne, laquelle par luy me manda qu'elle approuvoit tout ce que j'en avoy faict, se plaignant infiniment du feu Roy, mon mary, et du peu de moyen qu'elle avoit de faire ce qu'elle eust désiré. Lors que je me vei inutile en ce faict, et que je n'y estoy plus employée, aussi que je fus advertie que Monluc avoit

---

1. — Ici Jeanne d'Albret travestit les faits à la façon du parti réformé. Monluc et Burie ne furent pas séparés par les menées du cardinal de Lorraine, mais par la nécessité de défendre la haute et basse Guyenne. Au commencement d'aout 1562 Burie se rendit à Bordeaux et Monluc à Agen. Voyez les *Commentaires*, t. II, p. 449.

2. — Jeanne d'Albret se montre d'une extrême injustice pour Burie. Ce capitaine n'avait rien épargné pour éviter la guerre civile et n'avait pris les armes qu'à contre cœur jusqu'à faire douter de sa fidélité. Blaise de Monluc lui reproche sa modération en termes aussi amers que Jeanne d'Albret son fanatisme. Voyez les *Commentaires*, t. II, p. 344, 365, 368, 430, t. III, p. 3, 31, t. IV, p. 113, 139, 158, 218, 231, 247, 349, 355.

3. — Jean de Secondat, s. de Roques. Il reçut de la reine de Navarre, en récompense de ses services, le 31 octobre 1562, le don des seigneuries de Montesquieu et autre lieux. (*Arch. hist. de la Gironde*, t. XXIV, p. 252). Les lettres de Jeanne d'Albret sont imprimées avec d'autres pièces relatives à cette donation dans le même recueil.

charge de m'arrester[1], je me retiray à Nérac, et de là en Béarn[2]. Et encores qu'il semble que parler de mes affaires propres ne puisse estre que chose superflue en cecy, si est-ce, pour faire cognoistre à un chacun l'ancienne malice du cardinal de L'Orraine et son frère le sieur de Guise, je diray qu'estant le dict cardinal allé au Concile[3], et néantmoins ayant laissé son dict frère bien instruict, il contraignit le feu Roy, mon mary, d'envoyer un sien secrétaire, nommé Boulongne[4], avec commandement à ma cour de parlement de Pau de chasser tout exercice de religion réformée, que lors j'avoy introduict et par son consentement en

1. — Cette mission, qui a été souvent affirmée, n'est pas prouvée. Outre que les documents sont muets, il semble que, si Blaise de Monluc avait reçu un ordre de cette importance, il n'aurait pas manqué de s'en vanter dans ses *Commentaires*.

2. — Jeanne d'Albret arriva à Pau avant le 19 aout 1562 (ordonnance de cette date conservée dans le t. VI des Establissements de Béarn; Arch. de Pau, C. 684, f. 117, v°).

3. — Le 19 aout 1562 le roi avait adressé à tous les évêques une circulaire pour leur commander d'aller au concile de Trente. Une copie de cette circulaire est conservée dans le fonds français, vol. 3193, f. 15. Le cardinal de Lorraine arriva à Trente le 15 novembre.

4. Jean Lescrivain, dit Boloigne, agent du roi de Navarre, avait déjà rempli une mission secrète en Béarn quelques années auparavant (*Lettres d'Antoine de Bourbon et de Jehanne d'Albret*, p. 115).

Béarn et destituer de tous offices ceux qui ne seroyent catholiques; ne voulant mesme que aucun de la dicte religion demeurast au pays. Et avoit chargé le dict Boulongne de ne m'en parler aucunement. Quand je sceu cela, j'usay de la puissance naturelle que Dieu m'avoit donné sur mes subjects, et laquelle j'avois cédée à un mary, pour l'obéissance que Dieu commande de leur porter : mais lorsque je vey qu'il y alloit de la gloire de mon Dieu, et la pureté de son service, je fey prendre le dict Boulongne prisonnier, et retins son paquet.

Bien tost après je perdy le dict sieur mon mary[1], comme il est allégué en ma lettre à la Royne, et suis contente de ne dire d'avantage combien sa mort m'a apporté, et à mon fils de défaveurs de toutes qualitez, et n'en tirer que trois ou quatre d'un nombre infini. Et la première fut quand, avec belles promesses et flatteries, l'on m'attira à la cour au voyage de Lyon[2], m'asseurant et promettant rendre satisfaicte et contente de

1. — Mort d'Antoine de Bourbon, 17 novembre 1562.

2. — Le roi et la reine mère, dans leur voyage en France, étaient arrivés à Lyon le 10 juin 1565, mais ils ne firent leur entrée solennelle que le 13. On verra plus loin la date de l'arrivée de Jeanne d'Albret auprès du roi.

tant de plainctes que j'avoy ci-devant faictes de Monluc[1], et autres mes affaires. Toutes fois, estant arrivée à Rossillon[2], je ne

[1]. — La reine de Navarre avait beaucoup à se plaindre de Blaise de Monluc. La violence, les excès de ce capitaine avaient blessé la princesse. En 1562, enflé de ses succès en Guyenne et oubliant, dit de Bèze, « qu'il estoit un petit champignon accru en peu « de temps », il osa bien dire publiquement, en soudard grossier, « qu'il espéroit qu'ayant achevé en « Guyenne, le roy luy commanderoit d'aller en Béarn « où il avait fort envie d'essayer s'il faisoit aussi bon « coucher avec les roynes qu'avec les autres « femmes. » (De Bèze, *Hist. ecclés.*, 1881, t. II, p. 243). Après le traité d'Amboise, Monluc se plaignit de l'extension que la reine de Navarre donnait aux preches en Guyenne (*Commentaires et lettres de Bl. de Monluc*, t. IV, p. 231. édit. de la Soc. de l'hist de France) et il obtint, le 24 juin 1563, un arrêt du conseil du roi qui restreignait le droit de prêche en Guyenne, même dans les domaines de la reine de Navarre (*Revue de l'Agenais*, 1888, p. 200). Cet arrêt offensait surtout Jeanne d'Albret et figurait au nombre des nombreux griefs dont elle demandait le redressement au roi. La querelle de la reine de Navarre et de Blaise de Monluc devint si vive que la reine Catherine, au mois de juillet 1563, envoya en Guyenne Joachim de Monluc, s. de Lioux, comme médiateur entre l'auteur des *Commentaires* et la princesse. Lioux décida son frère à écrire une lettre d'excuse à Jeanne d'Albret (publiée dans notre édition des *Commentaires de Monluc*, t. IV p. 263) et décida la princesse à accepter les excuses de son ennemi (Lettre de Lioux à la reine du 23 juillet 1563; *Commentaires*, t. V, p. 344). Mais la querelle recommença quelques mois après. Monluc ne pouvait s'empêcher de courir sur les sujets de la reine de Navarre, d'envahir et de piller ses villes. Voyez la lettre de la princesse à la reine en date du 15 février 1563 (1564) (*Commentaires*, t. V, p. 345). On trouvera dans la suite de notre histoire de Jeanne d'Albret le récit complet de ces ardentes querelles.

[2]. — Jeanne d'Albret commet ici une erreur. Ce

sceu rien obtenir d'aucune chose que je demandasse.

Il me semble qu'il ne sera point hors de propos d'entrelacer icy en ce mien discours une chose qui advint audict Rossillon; par laquelle toute personne chrestienne et de bon jugement admirera la providence de ce grand Dieu, qui, pour surprendre les fins en leur finesse et les sages du monde en leur sagesse, s'aide de moyens extraordinaires et faibles po*r* vaincre les forts. Estant donc la cour au dict Rossillon au mois de juillet 1564, j'estoy logée en une fort petite chambre, où un jour l'une de mes femmes osta des lettres à une petite chienne que j'avoy, qui s'en jouoit : et me les bailla, pensant qu'elles me fussent tumbées. Je recogneu l'escriture de la main de la Royne; et cuidoy que ceste lettre fust tombée d'un de mes coffres. Et pour voir si elle estoit de conséquence pour

ne fut pas à Roussillon (Isère) qu'elle rejoignit la cour de France puisque la cour n'y arriva qu'après avoir quitté Lyon. Ce ne fut pas à Roussillon (Saône-et-Loire) puisque la cour n'y passa pas. Jeanne rejoignit le roi et la reine à Macon le jeudi, 1er juin 1564, jour de la fête Dieu, le même jour que l'ambassadeur d'Espagne. Cette date avait toujours été donnée inexactement, mais elle est certifiée par une lettre de Francès de Alava, ambassadeur d'Espagne à Philippe II (orig. espag., Arch. nat., K. 1501, n° 84). L'ambassadeur nous apprend que la reine de Navarre avait une escorte de 300 cavaliers et était accompagnée de huit ministres.

la serrer ou la rompre, je leu le premier mot qui disoit : « Monsieur... » et lisant le dessus, je vey qu'elle s'addressoit au Roy d'Espagne. Je fu fort estonnée, car je craignoy que quelqu'un ne l'eust jectée en ma chambre pour me barbouiller avec la dicte Majesté. Aussi je regardoy qu'il n'estoit entré que bien peu de mes gens ou quelques uns de mes amys en ma chambre, parce qu'à cause de l'extrême chaleur, après avoir mangé en une autre, je m'y retiroy l'après dinée avec seulement deux ou trois de mes femmes. Je ne pouvois descouvrir d'où ceste lettre estoit venue, sinon que ma petite chienne s'en jouoit en ma chambre. Je la leu, et parce qu'elle estoit escrite du temps des premiers troubles, elle parloit d'estrange façon contre nous. Par ceste lettre Sa Majesté prioit le roi d'Espagne de la secourir contre les séditieux et rebelles, qui vouloyent oster la coronne de dessus la teste du Roy son fils, et qu'elle n'avoit espérance d'en avoir la raison que par luy. Je fu en bien grand peine l'ayant l'eue : car les propos me sembloyent si fascheux que sa dicte Majesté seroit marrie que ceste lettre fust veue. Et d'autre part je craignoy qu'elle pensast, ne luy pouvant rendre autre comte d'où elle venoit, que je l'eusse recouvrée par autre moyen. A la fin m'asseurant qu'elle me faisoit bien cest honneur que me croire véritable, je me résolu de la luy porter : ce que fey en sa chambre, où Madame de Savoie [1] estoit. Et, ayant envoyé quérir le sieur de L'Aubespine [2], secrétaire d'estat et celuy qui avoit la charge des despesches d'Espaigne [3], elle la luy fit lire devant ma dicte dame de Savoye; où elle fit bien c'est honneur à ceux de la religion, par honnestes excuses des paroles qui estoyent en cette lettre, d'asseurer qu'elle ne nous avoit jamais estimez ne tenuz pour séditieux et rebelles; mais que l'on luy faisoit escrire ainsi; et qu'en ce temps-là de guerre beaucoup de choses s'estoyent dictes et escriptes, qu'il ne falloit plus ramentevoir. Le dict sieur de L'Aubespine luy asseura que la dicte lettre avoit esté portée en Espaigne, et qu'elle en avoit eu la response. Et sur cela, scelon leurs diverses opinions, jugeoyent d'où elle estoit venue. Les uns disoyent que quelques Huguenots l'avoyent faict desrober;

1. — **Marguerite de France, sœur de Henri II, duchesse de Savoie.**

2. — **Claude de l'Aubespine, baron de Chasteauneuf, secrétaire d'état depuis 1543, mort le 11 novembre 1567**

3. — **Les travaux de la chancellerie royale étaient divisés entre les quatre secrétaires d'état en vertu d'un règlement de Henri II, du 1er avril 1547 (1548) qui ne fut modifié qu'en 1567.**

les autres que c'estoyent des catholiques; aucuns que quelque ambassadeur estranger, pour nous mettre en pique, l'avoient recouvrée. Mais nul ne touchoit au blanc, comme le lendemain je le descouvri, car l'ayant portée à la Royne, en la mesme heure que je la trouvay, je n'avoy eu loisir de m'en enquérir d'avantage. Estant donc de retour en ma chambre, l'on me dit que, l'orsque ma chienne avoit apporté ceste lettre, l'on luy avoit veu prendre, comme souvent elle faisoit, d'autres papiers et choses que l'on balie dans un monceau de balieures devant la chambre de Madame de Guyse [1], qui estoit lors logée tout joignant de moy; et nos chambres sortoyent en une galerie longue, d'où ceste petite chienne avoit apporté la dicte lettre. Je le dy à la Royne, qui, avec d'autres raisons, ne doubta nullement qu'elle ne fust venue de là, et que l'on l'avoit peu envoyer au cardinal de Lorraine. C'est pour monstrer comme Dieu sçait descouvrir les choses que l'on pense tenir les plus secrettes, comme il feit ceste lettre; par où la Royne peut cognoistre l'intelligence que l'on avoit en Espaigne de ceux de la

---

1. Anne d'Este, fille de Rénée de France et petite fille de Louis XII, veuve de François de Lorraine, duc de Guise.

Religion, la belle façon et les beaux termes en quoy ces Messieurs faisoyent escrire Sa Majesté de nous [1].

De Roussillon je me retiray malade [2], et, durant mon absence [3], le voyage de Ba-

1. — Il est difficile d'émettre un jugement critique sur le récit d'un fait tellement invraisemblable. D'une part l'autorité du narrateur inspire la confiance. D'autre part il est difficile d'admettre que la duchesse de Guise laissât traîner « parmi les « balayures » les plus importants documents. Peut-être y eut-il une manœuvre arrangée pour faire tomber, fortuitement en apparence, une lettre sous les yeux de Jeanne d'Albret. Nous n'avons pas le secret de cette intrigue et nous ne nous chargeons pas de l'expliquer.

2. — Jeanne d'Albret partit de la cour le 14 août 1564 pour Vendôme. (Lettre d'Alava à Philippe II du 13 août qui annonce que le départ de la reine de Navarre est fixé au lendemain; Arch. nat., K. 1502, n° 16). Elle arriva à Vendôme avant le 25 septembre, date d'une lettre qu'elle écrivit au s. des Bories, lieutenant de la compagnie du prince de Navarre (Arch. de M. le marquis de Saint-Astier).

3. — Les raisons de santé ne furent pas les seules qui obligèrent Jeanne d'Albret à ne pas suivre la cour de France. Philippe II, avec lequel la reine mère espérait toujours avoir une entrevue à Bayonne, avait signifié qu'il se refusait d'avance à toute conférence si la reine de Navarre ou tout autre hérétique était présent à la cour. D'ailleurs les pratiques religieuses de Jeanne d'Albret, l'éclat qu'elle donnait, même au milieu de la cour, aux prêches et aux cérémonies protestantes célébrées dans ses appartements, rendaient sa présence dangereuse pour la paix publique. La correspondance de l'ambassadeur d'Espagne est remplie de plaintes contre la reine de Navarre. Voyez notamment les lettres du 1er, 14, 19, 22, 29 juin 1564 (Arch. nat., K. 1502). L'ambassadeur nous apprend que la reine mère fit en vain des représentations à la reine de Navarre.

yonne[1] se feit : où les lames des espées, qui respandent aujourd'hui le sang des chrétiens, furent forgées[2]. Et pour réunir aux autres défaveurs, ayant faict une parenthèse à la première, pour n'obmettre ce qui estoit advenu au dict Roussillon, j'allégueray, après les nopces de Monsieur le Prince,

---

1. — Malgré le départ de Jeanne d'Albret, Philippe II ne vint pas à Bayonne, mais il y envoya sa femme, Elisabeth de Valois, et le duc d'Albe (juin 1565).

2. — Jeanne d'Albret se fait ici l'écho de l'opinion générale du parti réformé, en insinuant que les conférences de la reine mère avec le duc d'Albe avaient pour objet l'anéantissement du parti réformé. Mais le fait est très contestable. Le secret de l'entrevue de Bayonne est un des plus profonds secrets du XVI. siècle. La question de savoir si le massacre général des chefs du parti réformé fut ou ne fut pas concerté dans les conférences de la reine mère et du duc d'Albe a longtemps excité et excite encore les recherches des historiens. Les anciens auteurs protestants sont presque tous unanimes en faveur de l'affirmative. Les catholiques objectent l'invraisemblance d'une telle résolution. Aucun d'eux ne donne de preuves et ne peut en donner, parce que de tels forfaits ne sont pas de ceux qu'on arrête par écrit à l'avance. MM. Bordier (*La Saint Barthélémy et la critique moderne*, 1879, in-4°) et Combes (*L'entrevue de Bayonne*, 1882, in-8°) ont chaudement plaidé l'affirmative. Le P. Griffet (*Histoire de France* de Daniel, t. X, p. 557), le comte de la Ferrière (Introduction au tome II des *Lettres de Catherine de Médicis*, p. 72) ont soutenu la négative avec non moins de conviction. Nous ne citons que les dissertations développées et nous n'énumérons pas les nombreuses études sur le XVIe siècle et sur la Saint-Barthélémy, qui, presque toutes, à l'occasion de la préméditation du massacre du 24 août, abordent la question des conférences de Bayonne.

mon beau-frère [1], et estant de retour à la cour [2], tant à Moulins [3] que depuis à Paris [4], le tort que l'on me feit pour ma comté de Foix et villes de Pamiez et Foix, qui avoyent esté en temps de paix pillées, saccagées et mangées de garnisons et commissaires, dont me fut déniée toute justice ; et par là annéantis les privilèges donnés par les rois à mes prédécesseurs [5].

1. — Le prince de Condé épousa en secondes noces, le 1er novembre 1565, la princesse Françoise d'Orléans Longueville.

2. — La reine de Navarre rejoignit la cour à Moulins au mois de janvier 1566. Sa première lettre datée de Moulins est du 31 janvier.

3. — Le roi arriva à Moulins, d'après Abel Jouan (Aubais, *Pièces fugitives sur l'hist. de France*, t. 1, 2e partie. p. 36) le 22 décembre 1565 et y resta jusqu'au 23 mars 1566 (ibid.). Ce long séjour en Bourbonnais fut utilisé par la reine pour imposer une réconciliation apparente aux Guises et aux Coligny, et par le chancelier de l'Hospital pour édicter une ordonnance de procédure qui est restée célèbre.

4. — Au départ de Moulins le roi visita Vichy, Clermont-Ferrand, Auxerre, Sens et arriva le 1er mai à Paris (Abel Jouan). Jeanne d'Albret suivit la cour pendant la durée de ce voyage, ainsi que le prouve sa correspondance.

5. — Les villes de Foix et de Pamiers, qui faisaient partie de l'apanage de la maison d'Albret avec le comté de Foix, avaient été le théâtre de troubles graves, que le parlement de Toulouse noya dans le sang (juin à août 1566). Blaise de Monluc parle de ces événements dans sa correspondance (*Commentaires* t. v, p. 65) et l'*Histoire du Languedoc* (t. v, p. 271) en donne un récit détaillé. Les arrêts du conseil privé, dont la reine de Navarre se plaint dans ce passage de ses *Mémoires*, sont très nombreux. M. Valois dans *Le conseil du roi*, in-8º, 1888 (p. 333

Mais qui est l'estranger ou privé, qui n'aît esté scandalisé de l'injustice qui me fut faicte en ce temps-là en la personne de ma cousine de Rohan [1], si particulière qu'en son arrest prononcé par le Roy en son privé conseil [2], suivant l'opinion de sept, dont il n'en avoit que deux jurisconsultes [3], et contre celle de dix huict ou dix neuf opinans choisis du grand conseil et conseil privé, et estimés les plus sçavans et sincères; mais

et suiv.) en cite sept dans la période comprise entre le 25 février 1563 (1564) et le 23 mai 1567. Le plus important, celui du 20 février 1666, défendait aux ministres de prêcher et d'exercer le culte calviniste dans la ville (p. 370). Cet arrêt, observe le savant auteur qui a relevé ces décisions, était parfaitement fondé aux termes de l'article 5 de l'édit d'Amboise, puisque la réforme n'avait pas été publiquement pratiquée à Pamiers avant le 7 mars 1563 (*ibid.*, p. 207).

1. — Françoise de Rohan, fille d'Isabeau d'Albret, cousine germaine de la reine de Navarre. Elle avait été séduite par Jacques de Savoie, duc de Nemours, à l'aide de promesses de mariage, que le duc refusa d'exécuter quand sa victime fut devenue grosse. Il s'en suivit un procès qui dura près de dix ans. La situation des deux parties envenima la querelle. Françoise de Rohan était soutenue par les réformés; Jacques de Savoie, un des plus déterminés Guisards, par le parti catholique. Nous avons publié en 1883 un récit de cette aventure galante de la cour des Valois, *Le duc de Nemours et mademoiselle de Rohan.*

2. — Cet arrêt fut rendu par le conseil du roi à Monceaux le 28 avril 1566. Une copie authentique est conservée dans le vol. 4.657, f. 33, du fonds français.

3. — Christophe de Thou et Pierre Séguier, du parlement de Paris. Voyez la note suivante.

choisis [1], di-je, afin que leur preud'hommie et scavoir servist d'umbre seulement. L'arrest porte ces mots : « ...et pour ceste fois sans « conséquence, » parce que le dict renvoy de sa cause au pape [2] estoit directement contre les privilèges de l'Eglise Gallicane. Et toutes fois, pour rendre l'injustice plus injuste, le lendemain, contrevenant à

---

1. — L'acte de récusation nominale et motivée des membres du conseil privé par Jeanne d'Albret est conservé dans le vol. 6.606, f. 30 du fonds français (original sans date). Voici la liste des juges récusés par Jeanne d'Albret. Cette liste a l'avantage de nous faire connaître la composition du conseil privé à la date de 1566 : le cardinal de Bourbon, le prince de Condé, le duc de Montpensier et le prince dauphin, son fils, les cardinaux de Lorraine et de Guise, le duc de Nevers, le connétable et ses deux fils (François et Henri de Montmorency), le marquis de Villars, le cardinal de Chastillon, l'amiral de Coligny, François d'Andelot, le maréchal de Vieilleville, le maréchal de Bourdillon, le chancelier de l'Hospital, Jean de Morviliers, évêque d'Orléans, Jean de Monluc, évêque de Valence, Sébastien de l'Aubespine, évêque de Limoges, Henri d'Angoulême, abbé de la Caze-Dieu, fils nature' de Henri II, le s. de Lansac, le baron de La Garde, Nicolas Dangu, évêque de Mende, Philibert Babou, évêque d'Auxerre, Nicolas de Pellevé, archevêque de Sens, Claude de l'Aubespine et Jacques Bourdin, secrétaires d'état, Christophe de Thou, premier président du parlement de Paris, Pierre Séguier, président à mortier.

2. — L'arrêt du 28 avril 1566 renvoyait les parties devant l'archevêque de Lyon sauf recours au pape (f. fr., vol. 4.657, f. 33). Le renvoi devant l'officialité de Lyon était de pure forme puisque l'archevêque de Lyon s'était prononcé sur le fond du débat le 6 novembre 1565 (Arrêt de l'officialité de Lyon; Orig. sur parchemin en latin; f. fr., vol. 4.657, f. 1).

l'arrest mesme de sa pleine auctorité, et au mépris de leur Saint Père [1], on les fit fiancer [2] et puis espouser [3] : où le cardinal de L'Orraine ne fut pas si catholique Romain qu'il ne préférast la passion à la religion, quand il passa outre aux espousailles [4], nonobstant une opposition faicte en bonne

1. — Comme protestante, Françoise de Rohan avait d'abord récusé la juridiction du pape, mais elle finit par l'accepter (Lettre de Charles IX au s. d'Oisel, amb. à Rome, du 17 mai 1566; copie du temps, f. fr., vol. 3.214, f. 2). La reine de Navarre, elle-même, approuvait l'acte de soumission de sa cousine germaine (Lettre de Jeanne d'Albret à la seigneurie de Genève, du 6 décembre 1566; *Bulletin de la Soc. de l'hist. du prot. français*, t. XVI, p. 66). La cour de Rote fut saisie de l'appel de Françoise de Rohan le 16 juillet 1566 par un bref de cette date (copie du temps; f. fr. vol. 3.214, f. 65) et rendit un arrêt conforme aux conclusions du duc de Nemours le 5 mars 1571 (copie du temps; f. fr., vol. 23.310, f. 202).

2. — Le lendemain de l'arrêt du conseil qui déboutait Françoise de Rohan, le 29 avril 1566, en présence du roi et des princes, fut passé le contrat de mariage du duc de Nemours et de la duchesse de Guise (copie du temps ou peut-être minute originale de cet acte; f. fr., vol. 6.609, f. 74).

3. — Le mariage fut célébré à Saint-Maur-des-Fossés, le 5 mai 1566, en présence du roi et de toute la cour (Mémoire de Françoise de Rohan; f. fr., vol. 3.215, f. 71).

4. — La cour avait été publiquement convoquée dans la chapelle de l'abbaye de la Roquette, à Saint-Maur, mais le mariage fut célébré dans une des salles du château. Cette précaution avait été prise pour éviter toute esclandre et ne réussit pas, comme on va voir. Le cardinal de Lorraine célébra la messe et maria les deux époux (Mémoire de Françoise de Rohan; f. fr., vol. 3.215, f. 71).

forme de la part de ma cousine de Rohan [1]. J'ay plus estendu le propos de ceste injurieuse injustice, que j'ay receue, que des autres, parce que peut estre chascun qui pourra lire cecy n'a pas sceu ce faict si au vray : et aussi que c'est celle de quoy je me suis plus ressentie.

Je pourroy alléguer mes défaveurs d'un nombre trop grand, si mesme je vouloy alléguer que quelques téméraires osèrent bien remplir les oreilles de la Royne d'une menterie si absurde, que l'impudence d'icelle portoit son témoignage avec soy; quand ils luy voulurent donner à entendre que j'avoy entrepris deux choses : l'une, que je luy vouloy faire couper la gorge, n'usant point de plus doux termes; l'autre que je vouloy faire enlever Monsieur, frère du Roy, pour, me fortifiant de luy, mettre schismes en France contre le Roy. Et quoy que par très-humble prière et importunité que je fisse, je ne peu jamais sçavoir de Sa Majesté

---

1. — Au moment où le cardinal de Lorraine prononçait les paroles sacramentelles, un officier de justice, praticien au parlement, Vincent Petit, se précipita sur les degrés du sanctuaire et commença la lecture d'un acte d'opposition fait par devant notaires par Françoise de Rohan. Le cardinal fut déconcerté et hésita un moment. Mais les courtisans des Guises emmenèrent de force le courageux praticien, qui fut jeté en prison, et la cérémonie s'acheva (Chronique du temps; f. fr., vol. 12.795, f. 281 v°).

le nom du rapporteur absolument, sinon par ambiguité, me voulant tousjours contenter de l'asseurance qu'elle me donnoit de n'en rien croire, elle me vouloit rendre doubteuse de quatre ou cinq ; si est-ce qu'à la fin je la pressay tant qu'estant arrivée à Monceaux, elle m'en esclaircit un peu davantage[1].

Durant ce temps que ces choses-là se menoyent, qui fut de quatre ou cinq moys, le pauvre Savigny[2], que l'on disoit bastard du feu Roy, mon mary, n'en est-il pas mort innocent? Car[3] pour la haine que luy por-

1. — Ce fait n'est raconté par aucun autre historien.

2. — Ce Savigny n'a laissé aucune trace et sa mort n'est enregistrée par aucun historien. Jeanne d'Albret, dans sa correspondance (*Lettres d'Antoine de Bourbon et de Jeanne d'Albret*, p. 285), parle d'un Savigny, qui serait entré en querelle avec sa femme, la dame de la Rivière. Est-ce cette querelle qui lui coûta la vie? — Sans vouloir réformer le récit de Jeanne d'Albret, qui devait être mieux informée que nous du nombre des batards de son mari, nous observerons qu'il est bien singulier que les deux rois de France et de Navarre aient eu chacun un batard du même nom. On trouve en effet dans les *Papiers d'Estat de Granvelle* (t. VIII, p. 1, 20 et 384) trois lettres d'une dame Nicole de Savigny, qui parle d'un fils qu'elle dit avoir eu de Henri II et qui se plaint d'avoir reçu des mauvais traitements de la part de Catherine de Médicis. Ce jeune Savigny, dit de Saint Rémy, eut des enfants. Sa dernière descendante fut la comtesse de la Motte, l'aventurière rendue célèbre par le procès du collier à la fin du règne de Louis XVI.

3. — Le mot *car* est de trop dans la phrase.

toyent ceux de la maison de Guyse, aucteurs
et inventeurs premiers de ceste menterie,
qu'ils avoyent faict conduire finement par
tierce main, ayant dit à la Royne que cestuy-
là la vouloit tuer. Ce mot-là a depuis quelque
temps telle vertu, que, encores qu'il ne fust
accompagné de raison, ny mesme vérisimi-
litude, ceux qui estoyent soubçonnez ou
nommez par ces Messieurs, l'on les faisoit
mourir à quelque pris que ce fust, comme le
dict Savigny, qu'ils feirent tuer sous le nom
de la Royne ; chose si vilaine et exécrable,
que tant s'en faut que je veuille penser qu'elle
y ait consenti, que je veux croire qu'elle ne
l'a point entendu. L'Espaignol qui tua le
dict Savigny d'un coup de pistolle, estant
descendu aux champs pour aller à ses
affaires, l'avoit servi puis laissé quelque
temps, et de rechef retourné avec luy. Lequel
fut prins après le coup faict, et mené au
Four l'Evesque [1], où plusieurs fois il
demanda un Italien, qui demeuroit avec le
sieur de L'Aubespine, et que cestuy-là
sçavoit bien qui luy avoit faict faire le coup,
et qu'il l'avoit faict par commandement. Les
prisonniers mesmes, qui estoyent en la
prison avec luy, l'ont dit à quelqu'un digne

---

1. — Fort-l'Evêque, prison de l'officialité de
Paris, située dans le quartier Saint-Germain.

de foy, et qu'une nuict le dict Espaignol, après avoir tenu ces propos, fut tiré de la dicte prison et jecté dans la rivière une pierre au col[1]. Voilà comment ces pernicieux esprits veulent esbranler le ciel et la terre, et par leurs malices renverser toute piété et justice et empoisonner l'esprit de nostre jeune Roy, naturellement bon, de leur venimeuse humeur.

Suivant l'occasion de mes justes plaintes, j'allégueroy une infinité de lettres que j'en ay escrites; à quoy l'on ne m'a jamais satisfaicte. Mais je m'eslongneray trop de mon intention, qui n'est que de parler des trois occasions qui m'ont faict joindre avec les princes, gentilshommes, et autres fidèles serviteurs de Dieu et du Roy en la juste cause : de laquelle, comme j'ay monstré par ce que j'ay dit cy-dessus, je ne fus jamais disjoincte et encore moins du service de leurs Majestez. Et, pour ce qu'il y en a qui m'ont dict que je retiray mon fils en m'en venant de la cour[2] par leur congé, sçachant que

1. — Aucun autre historien ne mentionne ces faits.
2. — La reine de Navarre quitta Paris avec son fils après le 4 janvier 1567, car nous avons une lettre d'elle, datée de ce jour et de Paris. Le 1er février suivant, elle était arrivée à Pau. Ces indications nous sont données par la correspondance inédite que nous nous disposons à publier.

les troubles se debvoyent recommencer[1]; j'en toucheray icy un mot : c'est qu'encores que, comme l'obscurité de l'épaisse nuée nous menace de l'orage, les trames, allées et venues du cardinal de L'Orraine, de nos politiques et taciturnes Espaignolisez, les massacres, injustices, violemens de l'Edict et deffaveurs de ceux de la Religion, de quelque estat que ce fust, nous montrast assez ce que nous avons veu sortir de ceste nue crevée, si est-ce qu'icy je confesseray que je n'avoy pénétré si avant en ce fait ne préveu la reprinse des armes. Bien voyoy-je tous les jours quel soin Monsieur le Prince, mon beau-frère, Messieurs de Chastillon[2], et autres seigneurs et gentilshommes de la Religion réformée travailloyent à contenir beaucoup de personnes, mesme des villes et peuples, qui, pour les ordinaires massacres que l'on faisoit d'eux, et le peu d'espérance de justice que l'on leur donnoit, estoyent souvent esmeuz à commencer le jeu pour rachapter leur vie ou la perdre plus honorablement en la deffence de leurs consciences,

1. — Allusion à la reprise de la guerre civile, dite de la Saint Michel, 29 septembre 1567.

2. — Les trois frères de Chastillon : Gaspard de Coligny, amiral de France ; François de Coligny, s. d'Andelot ; Odet de Chastillon, cardinal.

où ceux qui eschappoyent la main des meurtriers et assassineurs estoyent à toutes heures géennez [1]. Mais la prudence des Seigneurs susdicts, le bon ordre qu'ils y mettoyent appaisoit cela, les paissans comme on les paissoit de continuelles promesses de leurs Majestés, qui juroyent et protestoyent ne désirer rien plus que l'entretenement de l'Edict de pacification [2]; pour lequel faire observer envoyoyent tant de patentes que l'on en vouloit, et néanmoins desmenties par leurs lettres secrettes du cachet, que de vray nous sçavions, qui nous faisoit doubter que l'intention de leurs Majestez estoit de le rompre. Mais la révérence que nous avons toujours portée à nostre Roy, et sa parole, et promesses ratifiées par sermens solennels ne nous permettoit croire ce que nous voyons.

Le cardinal de L'Orraine ne luy a pas esté si respectueux, quand, jouant à la pelote [3] de sa foy et son honneur, luy a faict par son dernier Edict se desmentir soy-mesme, et s'avouer roy perfide, feint et dissimulé; se rendant là odieux et mesprisé des autres roys et princes estrangers. Et puis s'esba-

1. — *Géhennez*, tourmentés.
2. — Edit de pacification du 19 mars 1563, dit d'Amboise.
3. — *Jouer à la pelotte*, jouer à la balle.

hit-on si tous ses tant fidèles subjets et serviteurs s'en ressentent d'un cœur tout sanglant de douleur, voyant ceste honte au haut de la tiare de nostre Roy, par la trahison, félonnie et exécrable meschanceté de ce perdu et damnable Cardinal, abusant de la douceur et bonté de Sa Majesté, que nous ne croyons nullement avoir dans le cœur ce que cest impudent pelé luy a faict advouer en cest Edict, lequel chacun sçait qu'il a forgé et envoyé il y a plus de quatre moys à Romme pour le communiquer au Pape [1]. Hélas! si, comme j'ay dict, le cœur seigne à tant de fidèles subjects de cest acte vilain du Cardinal, pour la honte qui en tombe, et j'oseroy dire à tort, sur nostre Roy, que doy-je sentir, moy, qui, outre ces deux titres de fidèle subjecte et très obéissante servante, suis honnorée de celuy de tante[2]? Je le dy en vérité que je n'ay jamais veu, leu ne ouy qui m'ait tant faschée, et qui

---

1. — Il s'agit ici de l'ordonnance du 25 septembre 1568, qui défendait expressément de professer publiquement d'autre religion que la religion catholique, et qui proscrivait les ministres dans le délai de 15 jours. Cette ordonnance, que le parlement enregistra le 28 septembre, est imprimée par Fontanon, t. IV, p. 292 et 294.

2. — Jeanne d'Albret était fille de Marguerite d'Angouléme, laquelle était sœur de François I, grand-père de Charles IX. Elle était, par conséquent, tante du roi à la mode de Bretagne.

m'ait tant animée contre le dict Cardinal; et si de bon cœur je suis venue [1] pour ceste cause avec mon fils, de meilleur cœur y continueray-je. C'est donc bien loing d'estre prisonnière ou attirée par imbécillité, comme on a dict. Cela seul eust esté suffisant, si je fusse demeurée jusques icy pour me faire partir de chez moy.

Revenant à mon propos [2], je ne fu guères en mes pays qu'un rumeur et bruict de remuement d'armes ne troublast toute la Guyenne; dont la cause est assez desclarée par ceux qui ont escript de la signature du concile [3], du conseil tenu à Marchaiz [4]

---

1. — Allusion à l'arrivée de Jeanne d'Albret à la Rochelle (28 sept. 1568) qu'elle rappelle comme un fait tout récent. Ce passage fournit une nouvelle preuve de la date de la rédaction de ce mémoire (fin 1568).

2. — Retour en arrière. Jeanne d'Albret ramène son récit à l'époque de sa rentrée en Béarn (fin janvier 1567).

3. — Le concile de Trente avait été ouvert le 13 décembre 1545. La vingt-cinquième session qui fut la dernière, fut close le 4 décembre 1563.

4. — Marchais (Aisne) était une seigneurie importante qui appartenait au cardinal de Lorraine. Il est certain que, lorsque le jeune duc de Guise retourna de la Hongrie, où il s'était couvert de gloire dans la guerre contre les Turcs, les Guises réunis à Joinville (Haute-Marne) auprès de la vieille duchesse, Antoinette de Bourbon, et peut-être aussi à Marchais, tinrent divers conseils. Dans un de ces conseils fut arrêté le mariage du jeune duc de Guise et de la duchesse de Porcian (Lettres d'Alava citées par M. de Bouillé, *Hist. des ducs de Guise*, t. II,

selon la promesse faicte à Bayonne : et de cela je n'en feray grande mention. Car estant retirée chez nous et ne pensant qu'à mes affaires, je n'entendoy de ce qui se passoit qu'autant que la renommée en despartoit par toutes provinces. Et aussi la rebellion non accoustumée en Béarn et despuis en Navarre [1] de quelques particuliers de mes subjects poussés du costé de France, comme il est apparent par les lettres que leurs Majestez leur escrivirent. Les menées

p. 384). Jeanne insinue ici que la surprise des chefs du parti réformé, tentée (?) plus tard à Noyers, y fut résolue. Voyez plus loin.

1. — A la suite des états de Béarn de 1567, au mois de septembre, les catholiques de la Basse-Navarre, conduits par le s. de Luxe, de Domesaing, et autres seigneurs se soulevèrent, assiégèrent et firent prisonnier le capitaine Lalanne, gouverneur pour la reine de Navarre, à Garris, et restèrent un moment maîtres d'Oloron. La reine fut obligée d'envoyer son fils, le prince de Béarn, et quelques compagnies contre les rebelles. La campagne est racontée par Bordenave (*Hist. de Béarn et Navarre*, p. 140 et suiv.) Bordenave, Olhagaray, tous les historiens du Béarn racontent ces troubles en quelques mots, comme une émotion passagère de peu de jours, et en donnent ainsi une très fausse idée. Les rebelles prirent les armes au mois de septembre et guerroyèrent, sans grande activité, il est vrai, pendant tout l'hiver. Voyez la *Pièce justificative* n° 1 et les notes ajoutées. Ils ne déposèrent les armes qu'au mois de juin 1568. Le 26 juin la reine de Navarre écrit au s. des Bories, lieutenant de la compagnie de son fils, et lui annonce, comme une nouvelle récente, la soumission des révoltés. On trouvera ce dernier document dans la correspondance inédite que nous nous disposons à publier.

entre eux-mesmes, que leurs propres querelles ont assez descouvertes, me faisoyent bien juger quelque mauvais succès des affaires de la France; mais que j'en fusse certaine, non! Dieu m'en est tesmoin. Et de cela faict foy le voyage que j'avoy entreprins pour la visite de mes terres, m'en allant commencer en comté de Foix. Car, estant arrivée à Saint-Gaudens[1], ville de Comminges, arriva un gentilhomme[2] de la part de Monsieur le Prince, mon beau-frère, et Monsieur l'Admiral, qui m'advertit de la prinse des armes, et des occasions qui sont assez desclarées par ce qui en a esté escrit, pour n'en faire redicte icy, et qui en ma conscience me semblèrent si justes, que je ne pouvoy moins que d'y offrir pour mon Dieu et mon Roy le tout, sans rien réserver. Si j'eusse eu lors deux cordes à mon arc, je n'eusse si librement conseillé à Monsieur de Gramont[3] de prendre les armes, et se joindre

---

1. — Saint-Gaudens (Haute-Garonne) était une ville du Nebouzan et non du comté de Comminges.

2. — Ce gentilhomme, dont aucun historien ne donne le nom, rejoignit la reine de Navarre à Saint-Gaudens, deux ou trois jours, dit Bordenave, avant la prise d'armes de la Saint-Michel (28 et 29 septembre 1568), qu'il était chargé de lui annoncer (Bordenave, *Hist. de Béarn et Navarre*, p. 139).

3. — D'après Bordenave, Gramont aurait joué un role sans franchise dans la sédition de la Basse-

à la cause comme je fey, et que j'ay continué luy prescher.

Je m'en retournay avec mon fils chez moy en Béarn[1] pour regarder à conduire les subjects que Dieu m'a donnez, et, aidée de sa grâce, empescher de tout mon pouvoir que c'est orage que je voyoy environner mon dict pays n'y entrast, en intention tous jours de servir à mon Dieu et à mon Roy. Je despeschay un de mes gens vers leurs Majestés pour savoir comme tout passoit, et pour les supplier très humblement que l'on jectast de l'eau sur ce feu avant qu'il creust d'avantage. Et me souvient qu'en la lettre de la Royne ces propres mots ou semblables estoyent : que je la supplioy très humblement recongnoistre ceux qui avoyent esté à jamais affectionnez au service de la couronne, et que de ce nombre-là elle me trouveroit tousjours sans jamais m'en despar-

---

Navarre. Voyez la note de la page 50. Il avait poussé les catholiques à résister à leur souveraine « pour « embrouiller la roine, » afin probablement de se rendre indispensable et d'obtenir pour son fils la main de la riche héritière d'Andoins, la célèbre Corisande (*Hist. de Béarn et Navarre*, p. 145, 148 et 149).

1. — Jeanne, rétrogradant sur ses pas, arriva à Tarbes le 3 octobre 1567 et écrivit à Blaise de Monluc une lettre que celui-ci livra au roi d'Espagne. Nous avons publié cette lettre dans les pièces justificatives des *Commentaires de Monluc*, t. v, p. 348.

tir, luy offrant le fidèle service que je lui devoy. Sur cela je luy diray que je m'esbahi d'où est venu ce faux bruit que l'on a faict courir que j'avoy envoyé des blans signez à leurs Majestés, et pouvoir de vendre le bien de mon fils pour faire la guerre aux rebelles du Roy. Vrayement j'advoue que mes biens et ma vie, qui est d'avantage, ne sera jamais espargnée contre ceux-là; comme encores maintenant j'y ay apporté le tout. Mais ne sont-ce pas les vrais rebelles ceux qui violent les ordonnances du Roy, et ceux qui veulent renverser les édicts, massacrent son peuple, ont intelligence et tirent pension de l'estranger, et, pour exécuter plus librement leurs meschancetez, veulent exterminer les princes du sang et fidèles officiers de la couronne? Est-ce à votre advis pour la conserver entière à nostre Roy? Non, non, c'est pour la despartir entre eux, et en jecter quelque lopin à la gueule des chiens, qui, envieux d'icelle, leur pourroyent abboyer. C'est donc contre ces rebelles-là que je suis, et pour lesquels chastier je ne me contente pas d'offrir, mais j'y mets, comme j'ay desjà dict, la vie et les biens. Et ce qui m'a empeschée en ces pénultièmes troubles de m'y advancer plus avant, a esté les séditions dont j'ay desjà parlé, qui m'avoyent été suscitées en mes pays pour là m'arrester. Et le sieur de la Motte Fénelon [1], lorsqu'il a pleu à leurs Majestés me l'envoyer pour négocier la réconciliation d'entre moy et mes dicts subjects [2], sçait si je luy ay dissimulé ce que j'avoy dans le cœur de tout ce qui s'estoit passé, luy rabattant tous jours ces mots de rebelles et séditieux, qu'il avoit

1. — La vie de Bertrand de Salignac, s. de Mothe Fénelon, a été écrite par Jean Tarde, chanoine de Sarlat, avec une exactitude qu'on ne trouve pas ailleurs. En 1552, il assista au siège de Metz et en écrivit la relation, qui a été réimprimée dans toute les grandes collections de mémoires sur l'Histoire de France. En 1557, il fut fait prisonnier à la bataille de Saint-Quentin et envoyé en Flandre. En 1560, il fut député aux états généraux d'Orléans. En 1562, il assista à la bataille de Dreux, et, en 1567, à celle de Saint-Denis. En 1566, 1567 et 1568, il remplit plusieurs missions en Espagne. De 1568 à 1575 il fut ambassadeur en Angleterre. En 1580, il fut fait chevalier de l'ordre du Saint-Esprit. En 1581, il fut envoyé en ambassade en Ecosse. Il mourut le 12 août 1599, à Bordeaux (*Chronique de Jean Tarde*, 1887, p. 330). Sa correspondance pendant son ambassade à Londres a été publiée pour le Bannatyne Club d'Edimbourg en 1838 en trois volumes in 4° et en 7 vol. in 8°, par M. Teulet, avec une notice biographique, que les indications de Jean Tarde confirment ou rectifient.

2. — Au commencement de février 1568 le s. de la Mothe Fénelon fut envoyé par le roi en Navarre, sous le prétexte de servir de médiateur entre la reine et ses sujets rebelles (Bordenave, p. 150). On verra plus loin qu'il avait une autre mission. La date de l'envoi de la Mothe Fénelon nous est donnée par deux lettres du roi, l'une à la reine de Navarre (lettre de créance), l'autre au s. de Noailles, toutes deux publiées par M. Communay dans *Les Huguenots dans le Béarn et la Navarre*, p. 19 et 20.

assez fréquents en la bouche, en parlant de ceux qui avoyent les armes en main pour le service de Dieu et du Roy[1]. Je ne me suis jamais masquée à luy que je ne luy aye asseuré que, de cœur et de bouche, j'estoy joincte à ceste juste cause, la justice de laquelle souvent ayant desbattue avec luy, il m'a niée par si frivoles argumens qu'il y apparoissoit plus d'opiniastreté malicieuse, que d'ignorance de la vérité; et mesme jusques à luy asseurer que, si mon fils eust esté pour porter les armes, qu'il eust esté avec la trouppe de fidèles serviteurs de Dieu et de leurs Majestés.

Durant ce temps turbulent, j'ay envoyé et renvoyé tant devers leurs dictes Majestez que vers Monsieur le Prince, mon beau-frère, et ceux qui estoyent avec luy, pour crier paix! paix! Chascun sçait comment je l'ay désirée, et que, lorsqu'une umbre s'en est apparue à nous, qu'elle joye j'en ay eue. Ce

---

1. — Il est curieux de relever ces allégations qui nous font pénétrer dans les secrets de la politique du parti réformé. Les protestants en effet, en prenant les armes, avaient la prétention de venir au secours du roi et de se montrer plus fidèles sujets que les catholiques. Déjà en 1562, le prince de Condé proclamait en tout lieu qu'il ne faisait la guerre que pour délivrer le roi prisonnier du triumvirat. Voyez *Antoine de Bourbon et Jeanne d'Albret* t. IV, p. 182.

fut au second voyage de la Motte Fénelon[1], qui sçait que je luy en dy, et la craincte que j'avoy que nous retombissions où nous sommes par la malice venimeuse du cardinal de L'Orraine. Et discourant avec luy, j'en descouvri une fort cauteleuse, qui estoit qu'ils me vouloyent attirer à la cour et mon fils aussi sous umbre de me vouloir honorer et me rendre médiatrice entre le Roy et ses subjects de la Religion réformée; m'alléguant que jamais la paix ne seroit bien asseurée, par ce que le Roy et la Royne ne pouvoyent, comme il disoit, s'asseurer de la bonne volonté de ceux de la dicte Religion réformée, et par conséquent s'y fier, comme il estoit nécessaire, ny les dicts subjects en pareil cas de leur Roy et Royne, et que moy seule avoy les parties requises pour ceste négociation. Car, pour le regard de leurs Majestés, j'avoy c'est honneur de leur appartenir de si près, joinct qu'ils avoyent tant cogneu en moy d'affection à leurs services et repos de ce royaume, que ce qui leur seroit proposé de ma part pour ceux de la religion, leur seroit hors de tout soubçon.

---

1. — La seconde mission de La Mothe Fénelon auprès de la reine de Navarre eut lieu au mois de septembre 1568, pendant qu'elle était en route pour la Rochelle. Voyez plus loin.

De l'autre part que j'estoy en si bonne opinion entre ceux de ma Religion, qu'ils se fieroyent bien en moy ; et que par ce moyen estant près de leurs Majestés, et ayant la commodité d'aller visiter Monsieur le Prince, mon beau-frère, et Monsieur l'Admiral, il me seroit facile, desmeslant leurs mesfiances d'un costé et d'autre, de rejoindre et approcher ces seigneurs de valeur de la personne du Roy.

Voilà de quelle gluz estoyent frotées les belles paroles dont le dict la Motte me vouloit prendre à la pipée. Je trouvay ces propos fort estranges, et plus les louanges qu'il me donnoit de mes sens et prudence. Car les deffaveurs et mespris que j'avoy soufferts m'avoyent assez faict congnoistre que ces bonnes opinions ne leur en estoyent jamais entrées en l'esprit. Quant à la fidélité et affection à leur service, encores qu'ils ne l'ayent peu ignorer, si en ont-ils toujours assez faict les mescogneuz pour monstrer qu'ils n'y ont jamais eu fiance. Ma response fut brève à une si belle et longue harangue : que je ne pouvoy croire que l'on me voulust employer à choses de si grande importance, et où les meilleurs esprits avoyent bien à faire. Et par ce qu'il vouloit que ce fust moy mesme qui m'ingérasse, et que je lui résistay fort là-dessus, luy remonstrant que cela me seroit plus tost attribué à témérité qu'à zèle de leur service si, sans estre appelée, je m'offroy, il s'esclatta plus avant, et me dist qu'il avoit charge de m'en parler. Il se fit presser pour me dire par qui. Enfin il me nomma la Royne, qui néantmoins ne vouloit point estre alléguée, me disant d'avantage que l'on avoit nommé Madame de Savoye, de Ferrare[1] et moy, et qu'elle désiroit que ce fust moy, m'ayant choisie entre les trois; chose inventée pour me persuader de l'entreprendre et par ce moyen m'attirer à la cour. Je ne luy respliquay autre chose, sinon que, quand Dieu m'auroit donné assez de grâce pour sçavoir aussi bien conduire cest affaire, comme j'y porteroy de fidélité, que jamais je ne négocieroy chose à la cour tant que le cardinal de L'Orraine y seroit. Il me respondit que c'estoit le moyen pour l'en chasser lorsque j'y seroy.

Durant ce temps-là le dict la Motte alla et vint en Basque pour l'accord de moy et

---

1. — *Madame de Savoye* est Marguerite de France, sœur de Henri II, duchesse de Savoie, princesse catholique mais renommée pour sa sagesse et sa modération. — *Madame de Ferrare* est Renée de France, duchesse de Ferrare douairière, la protectrice de Marot. Renée de France habitait Montargis depuis son veuvage et y pratiquait la réforme, mais avec moins d'exaltation que Jeanne d'Albret.

de mes subjects, qui m'avoyent offensée en mon royaume, ce qu'il fit, les favorisans entièrement contre toute raison[1]. Toutes fois, parce que j'avoy juré et promis au Roy l'en croire, en tant qu'il touchoit mon intérest particulier, je tin ma foy promise à mon dam[2]. Il vouloit bien toucher à la religion, mais en cela il n'emporta rien. Je reviendray donc à son dernier retour de toutes ses allées et venues. Quand il fut prest de monter à cheval pour s'en aller à la cour, il me recommença ce premier propos, me suppliant avec grande instance d'escrire à la Royne que, pour conserver ceste paix, je désireroy y employer ce que le devoir me commandoit ; qui estoit au temps qu'elle fut publiée en

---

1. — Outre son rôle d'arbitre, La Mothe Fénelon avait une double mission : la première d'attirer la reine de Navarre et son fils à la cour; la seconde, plus importante et secrète, de se créer, en vue de l'avenir, dans les rangs des catholiques du Béarn et de la Basse-Navarre, des intelligences capables de porter un sérieux obstacle à la politique de Jeanne d'Albret. Il y réussit parfaitement, et lorsque, au mois de septembre 1568 et surtout l'année suivante, le roi de France voulut conquérir le Béarn, ses capitaines trouvèrent du secours parmi les seigneurs amnistiés par la reine Jeanne en 1568. Voyez Olhagaray, p. 574 et 578, et Bordenave p. 150 et suiv.

2. — Jeanne d'Albret avait promis au roi de pardonner aux Béarnais rebelles et elle tint parole, quoiqu'elle prévît ce que dans l'avenir il lui en pourrait couter. Voilà ce qu'elle veut dire par ces mots : *Je tins ma foy promise à mon dam*. Voyez les notes suivantes et celles de la première *Pièce justificative*.

aucuns endroits, comme à Paris[1], et aussi refusée à Toulouse et ailleurs[2]. Il me sembla que c'est offre n'estoit trop hardiment entreprins. Et pour c'est effect je despeschay Voupillières[3], l'un de mes gentilshommes, que j'envoyay à la cour vers leurs Majestés[4], et bien instruits de plusieurs particularitez qui concernoyent le faict des massacres et violement de l'Edict, et mesmes des menées du cardinal de L'Orraine à Toulouse et Bordeaux[5], et aussi pour les supplier très-humblement qu'en cas qu'ils eussent aggréable de se servir de moy en

---

1. — Traité de paix dit de Longjumeau, signé à Longjumeau le 23 mars 1868, enregistré le 28 au parlement de Paris.

2. — Le traité de paix de Longjumeau, enregistré sans opposition à Paris, ne fut pas accepté par le parlement de Toulouse. Un agent du prince de Condé, Philibert Rapin, fut décapité à Toulouse malgré l'amnistie. Ce ne fut que, après quatre lettres de jussion, le 5 juin, que la cour se résigna à enregistrer le nouvel édit de pacification. Encore y mit-elle des restrictions qui faisaient perdre aux réformés le bénéfice de l'édit. Voyez l'*Histoire du Languedoc*, t. v, p. 285 et 286. La reprise de la guerre civile, à la fin d'août 1568, fit oublier l'opposition du parlement de Toulouse.

3. — Antoine Martel, s. de la Vaupilière.

4. — On trouvera plus loin, aux *Pièces justificatives*, sous la date du 31 juillet 1568, l'instruction confiée par la reine de Navarre au s. de la Vaupilière.

5. — Allusion aux arrêts rendus contre la reine de Navarre par les parlements de Toulouse et de Bordeaux. Voyez les notes suivantes.

quelque chose, le dict Cardinal ny fust présent; ne pouvant compatir ma fidélité avec son infidélité, et mesme ayant sçeu, comme il n'est oublié en mes lettres escrites à la Royne, sa délibération, lorsque sa Majesté fut si malade à Meulan[1], de faire des vespres Siciliennes[2] de Monsieur le Cardinal, mon beau-frère[3], et ceux qu'il pensoit pouvoir nuire au desseing qu'il avoit de remettre les troubles en France, brisant et abolissant l'édit de pacification, si Dieu eust faict sa volonté de sa dicte Majesté[4]. Ce coup-là rompu, il en a tant cherché d'autres qu'à la fin il nous a mis là où nous sommes. Je leur escrivoy aussi la crainete que j'avoy que tout cela nous feist retomber en quelque

---

1. — L'indisposion du roi est mentionnée dans une lettre d'Alava du 24 juillet 1568 (arch. nat. K. 1510, n° 10). Catherine de Médicis, dans une lettre du 26 août 1568, donne à l'ambassadeur de France en Espagne « advis de la guérison du roy, « ayant du tout perdu la fiebvre..... » *Lettres de Catherine de Médicis*, t. III, p. 173).

2. — *Faire des vépres siciliennes*, rappel du massacre des Français commis le 30 mars 1282 en Sicile.

3. — Charles de Bourbon, dit le cardinal de Bourbon, frère du feu roi de Navarre. Cette accusation contre le cardinal de Lorraine est une fable inventée par le parti réformé.

4. — C'est-à-dire : *Si Dieu eut rappelé à lui Sa dicte Majesté.*

malheurté, leur remonstrant en toute humilité, comme leur très humble servante, et zélée par tous debvoirs au bien et repos de ce royaume.

Et m'estant advisée d'un moyen qu'il me sembloit, je ne diray pas seulement bon, mais nécessaire pour la plaincte que leurs Majestés mesmes faisoyent de ne pouvoir estre obéys en l'observation de leurs édicts, je leur proposoy : c'estoit que, voyant mon fils assez avancé d'ans pour commencer à faire service à leurs Majestés au gouvernement de la Guyenne, et afin que, venant en aage d'homme, il y fust mieux instruict, je supplioy très humblement leurs Majestés qu'ils permissent que mon dict fils se pourmenast par les principales villes de son dict gouvernement pour faire observer l'Edict de pacification, duquel bien peu jouyssoit la dicte Guyenne. Et pour aller au devant de ce que ceux qui, désirans plus la ruine de nostre maison que de la voir fleurir, eussent peu dire pour nous empescher c'est honneur et faveur, alléguans sans aucun fondement de raison que mon fils, pour estre de la Religion reformée, s'il commandoit, fouleroit un parti pour soulager l'autre, je supplioy leurs Majestés très humblement durant ce temps-là luy bailler auprès de luy MM. de

Candale[1]; marquis de Villars[2], de Caumont[3], de Lausun[4], de Byron[5], et de Jarnac[6] pour estre avec luy, et luy servir de conseil, les ayant nommés exprès, par ce que la plus grand part d'iceux estoyent catholiques romains.

Je pensoy ma requeste si juste et si exempte de passion et partialité qu'elle mesme portoit la response : *fiat*[7]. Et de tant plus hardiment faysoy-je ceste harangue que la grandeur et auctorité de mon fils estoit joinct au service de leurs Majestés, et que la Motte Fénelon m'avoit, en tous les langages, tant voulu persuader la faveur que je devoy espérer, qu'il ne mettoit nullement en doute que je ne vinse à bout de tout ce que j'entreprendroy pour mes affaires, qu'il advouoit

---

1. — Henri de Foix. s. de Candale, gendre du connétable de Montmorency, seigneur catholique.

2. — Honorat de Savoie, marquis de Villars, seigneur catholique.

3. — François Nompar de Caumont, s. de la Force, déjà nommé.

4. — François Nompar de Caumont, s. de Lauzun, seigneur catholique, cité par Blaise de Monluc pour son autorité en Guyenne (*Commentaires*, t. IV, p. 116).

5. — Armand de Gontaut, baron de Biron, plus tard maréchal de France, le plus grand seigneur du Périgord, appartenait au parti catholique.

6. — Guy Chabot, s. de Jarnac, connu par son duel avec la Chasteigneraye, lieutenant de roi en Saintonge, seigneur catholique.

7. — *Fiat*, qu'il en soit fait ainsi.

(parce qu'il ne pouvoit nier) avoir esté et à son grand regret trop desfavorisées; mais qu'à ceste heure que je seroy employée en telles choses, l'on s'efforceroit de me gratifier en tout. Voilà doncques qui fut cause qu'avec ceste remontrance et doléance que je faisoy à leurs Majestés, et l'offre si je pouvoy servir à la construction d'une bonne paix, j'adjoustay ce moyen de mon fils pour la Guyenne. Mais les advis et changemens de la cour changèrent aussi la response que j'en devoy avoir et qu'on me promettoit si bonne. Car, comme j'ay allégué au commencement, ceste entreprinse de la Motte et faveurs promises n'estoyent que pour m'attirer, mon fils et moy, à la cour.

Mais cependant que le dict de la Motte négocioit cela avec moy, le cardinal de L'Orraine trouva un moyen plus brief, lequel je touche en mes lettres : qui estoit d'envoyer le sieur de Losses[1] vers moy avec double

1. — Jean de Baulieu, s. de Losses, maréchal de camp, seigneur catholique, avait été nommé gouverneur du prince de Béarn en 1562 après le départ de Jeanne d'Albret de la cour, en place du s. de la Gaulcherie (Lettre de Chantonay à Philippe II du 23 février 1562; orig. espagnol; Arch. nat., K. 1.497, n° 11). Après la mort du roi de Navarre, Jeanne d'Albret avait retiré son fils des mains du s. de Losses, et l'avait rendu à la Gaulcherie (Bordenave, *Hist. de Béarn et Navarre*, p. 115). Il ne pouvait y avoir que d'amères rancunes entre Jeanne d'Albret et le s. de Losses.

charge, la voye de douceur et de rigueur ;
de douceur, di-je, en paroles et non de faict;
car il me debvoit remplir les oreilles de belles
promesses pour tirer mon fils à la cour, me
présentant faveur, honneur et profit. Et parce
qu'ils se craignoyent que je perceroy jusques
au fond de leur malice, et que, descouvrant ce
sucre, j'y appercevroy l'amer qu'il couvroit,
et que, congnoissant cela, j'useroy de pareille
ruse leur rendant de belles paroles et asseurance d'envoyer mon fils, dilayant cependant ;
la seconde charge de rigueur dudict sieur de
Losses estoit d'enlever mon fils d'entre mes
bras, ou par cautelle allant à la chasse, ou par
force [1], s'aidant de moyens de Monluc [2],
et d'aucuns de mes subjects naturels, dont
je fu advertie de divers endroicts, dès l'heure
que le dict sieur de Losses se mit en chemin;
lequel fut arresté par la main de Dieu d'un

1. — Bordenave confirme et copie même en partie
(*Histoire de Béarn et Navarre*, p. 152) les mémoires de
Jeanne d'Albret. La reine de Navarre croyait ferme-
ment à la mission secrête du s. de Losses et s'en
plaignit à la reine dans une lettre datée du 16 septembre 1568, qu'on trouvera cy-après. L'enlèvement
du jeune prince de Béarn était sans nul doute lié au
projet d'enlèvement de tous les chefs de la réforme
à Noyers. Voyez plus loin.
2. — D'après l'historien Palma Cayet, ancien sous-
précepteur de Henri de Navarre, (*Chronologie novenaire* p. 179, édit. du *Panthéon*) c'était Blaise de
Monluc qui avait charge de s'emparer de la reine de
Navarre et de son fils et de les amener à la cour.

flux du ventre, qui fut cause que j'eu loisir de penser à me garder [1]. Ce qui les divertit de mener ce faict par moyens doux, sans se haster par la rigueur, estoit qu'ils ne pouvoyent attendre, veu que l'heure et le temps d'attraper tout ensemble les pressoit [2] : car c'estoit lorsque d'un costé le sieur de Tavanes [3] avoit la charge d'enclorre Monsieur le prince de Condé, mon beau-frère [4], à Noyers [5], et Monsieur l'Admiral à Tan-

---

1. — Le s. de Losses fut récompensé de sa mission en Guyenne. Nommé membre du conseil privé du roi, il y fut reçu le 23 mars 1569 (Valois, *Le conseil du roi*, p. 192, note 2).

2. — D'après la lettre de l'agent du cardinal de Créqui, que nous publions aux *Pièces justificatives*, le dessein de surprendre les chefs du parti réformé par une arrestation préventive aurait été arrêté avant la date du 9 août 1568.

3. — Gaspard de Saulx-Tavannes, gouverneur de Bourgogne, maréchal de France en 1569, catholique ardent, un des auteurs de la Saint-Barthélémy.

4. — Condé, qui était à Valéry, château qu'il tenait de la maréchale Saint-André, s'était retiré, au mois de juin, à Noyers en Bourgogne, ville forte qu'il possédait du chef de sa femme (Duc d'Aumale, *Hist. des princes de Condé*, t. II, p. 367).

5. — Le projet de la cour de cerner les chefs du parti réformé à Noyers et de les faire prisonniers est un de ces secrets historiques sur lesquels abondent le pour et le contre. Cependant il est certain que la résolution fut discutée dans les conseils secrets de la reine mère et que, si elle ne fut pas arrêtée, il ne s'en fallut de guères. M. le comte de la Ferrière a publié dans la *Revue des questions historiques* (juillet 1887) une dissertation qui conclut à l'affirmative. Tavannes n'avait pas encore reçu les ordres du roi le 20 août 1568, car, dans une lettre au roi, datée de ce jour, il

— 67 —

lay[1], et le sieur de Martigues[2] Monsieur d'Andelot en Bretaigne[3].

Durant ce temps Voupillières arriva à la cour sur leurs délibérations, et fut retenu quelque temps là, parce qu'ils cuidoyent qu'avant qu'il fut de retour devers moy, tout seroit faict. Et de vray, il me rapporta une

n'y fait aucune allusion (orig., f. fr., vol. 15.547, f. 311). Il les reçut peut-être le lendemain, car le prince de Condé, dans une lettre datée du 21, annonce à ses coreligionnaires la tentative dont il est menacé de la part du s. de Tavannes (orig., coll. Dupuy, vol. 569, f. 12). S'il faut en croire les *Mémoires de Tavannes* publiées par son fils, ce guet à pens ne lui convenait pas et il prit des mesures pour que le prince de Condé et Coligny pussent lui échapper (*Mémoires* chap. xi). Ils lui échappèrent en effet, mais il prit et pilla le château de Noyers. Sa femme, d'après Brantome, se para à la cour des robes volées à la princesse de Condé (Brantome, t. v, p. 117).

1. — L'amiral de Coligny, après la paix de Longjumeau, s'était retiré à Chastillon. A la fin de juin ou au commencement de juillet 1568, il se rendit à Tanlay (Yonne) dans le voisinage de Noyers (Jean de Serres, *Mémoires de la troisième guerre civile et des derniers troubles de France*, Genève, 1571, sans nom d'auteur, petit in-8°, p. 27). Il y était installé le 6 juillet (Lettre de cette date; f. fr., vol. 3.155, f. 39).

2. — Sébastien de Luxembourg, vicomte de Martigues, colonel général de l'infanterie, capitaine catholique, un des plus renommés officiers des armées royales.

3. — François de Coligny, s. d'Andelot, frère de l'amiral, était à Laval en Bretagne, ville qui appartenait à sa femme, Claude de Rieux. Deux lettres de Martigues, en date du 28 août 1568, l'une au roi, l'autre au duc d'Anjou, mentionnent la présence de d'Andelot à Laval et les levées de troupes qu'il y faisait au nom du parti réformé à cette date (f. fr., vol. 15.547, f. 359 et 360).

bien estrange response[1] et du tout eslongnée de l'espérance qu'avoit essayé la Motte Fénelon de m'en donner. Les propos et rudesses de quoy l'on luy usa seroyent trop longues à escrire. Je diray seulement en un mot que à la juste requeste que je faisoy pour mon fils, comme j'ay dit cy-dessus, l'on me respondit que mon fils estoit trop jeune pour se mesler des affaires, et qu'il falloit qu'il allast à la cour pour accompaigner le Roy en ses honnestes passe-temps, et ne failloit qu'il s'amusast qu'à se jouer. Et quant au cardinal de L'Orraine que je ne devoy prier le Roy de l'oster de son conseil privé[2], et que cela ne se debvoit ne pouvoit faire. Et davantages que l'on ne me faisoit autre responce aux instructions bien amples qu'avoit porté le dict Voupillières par ce qu'il avoit passé par Noyers. Et disoyent que mon seing avoit esté falcifié et mes instructions dressées au

---

1. — On trouvera cette réponse aux Pièces justificatives à la suite de l'instruction de Jeanne d'Albret au s. de la Vaupilière.

2. — Les reproches que Jeanne d'Albret fait au cardinal de Lorraine sur son omnipotence et sa partialité au conseil privé du roi n'ont aucun fondement, puisque, ainsi que l'a prouvé M. Valois, le cardinal n'assistait presque jamais aux séances. On ne le trouve en effet, du 23 octobre 1563 au 24 septembre 1567, sur les procès verbaux de 205 séances, présent que 24 fois (Valois, *Le conseil du roi*, in-8°, 1888, p. 189).

dict Noyers, où je luy avoy donné charge de visiter et remercier Monsieur le Prince, mon beau-frère, des honnestes offres qu'il m'avoit faictes au temps que mes subjects de la basse Navarre s'estoyent eslevez contre moy et aussy pour luy communiquer sa charge, en tant qu'il touchoit à mes affaires.

C'estoit une chose, ce me semble, trop rigoureuse et estrange de trouver mauvais que j'eusse amitié et confédération à un mien beau-frère, oncle de mon fils et luy tenant lieu de père, comme en mesme égualité j'en ay tous jours usé vers Monsieur le Cardinal, mon beau-frère. C'estoit, dis-je, trop descouvert ce qu'on avoit dans le cœur contre luy ; car c'estoit après la paix faicte et au temps que leurs Majestez luy envoyoient de plus belles paroles de fiance. Mais l'on ne craignoit plus d'en parler haut et clair, pour l'asseurance qu'on avoit que la prinse de tous costez estoit dans le filet : tesmoin la joye qu'en alla faire le cardinal de L'Orraine au premier président de Tou [1], et pour luy persuader de bailler quelque argent, la luy asseura véritable avec son clignement de main accous-

---

1. — Christophe de Thou, premier président du parlement de Paris en 1562, père du grand historien de ce nom, un des chefs du parti catholique, mort le 1ᵉʳ novembre 1582.

tumé en ses joyes, qui se pouvoyent dire courtes, comme il a apparu.

Bref, pour ne m'esloigner trop de mon argument, Voupillières me trouva à Nérac, où, comme j'ay dict, j'estoy venue[1], ayant sceu que le sieur de Losses me venoit faire ce bon tour, m'asseurant que, s'il vouloit user de la force, j'auroy là meilleur moyen de l'empescher. Et fumes lors visitez de nos parens, voisins et subjects, comme de Monsieur le marquis de Villars, du sieur de Caumont et autres, auxquels je fei la plaincte de la charge que je scavoy qu'avoit le dict sieur de Losses, et despeschée par l'advis et, pour mieux parler à la vérité, ordonnance du cardinal de L'Orraine. Il n'y a guères de personnes de qualité qui ne congnoissent le Roy pour prince si doux et si humain qu'un

---

1. — La reine de Navarre arriva de Pau à Nérac avec son fils après le 8 août 1568 (Lettre de cette date écrite par Jeanne d'Albret au s. des Bories; Arch. de M. le Mis de Saint-Astier) et avant le 21 août (Lettre de cette date écrite par Henri de Béarn au parlement de Bordeaux: f. fr., vol. 22373, f. 584). Les *Commentaires de Monluc* nous permettent de préciser les dates. « J'euz advis, dit-il, « que le jeudy elle estait partie en grand haste et « prenait le chemin de Nérac, comme si (ainsi) feust « vray, car elle y arriva le dimanche matin (t. III, édit. de la Soc. de l'Hist. de France, p. 172). Le jeudi après le 8 août en 1568 ne peut être que le 12 août et le dimanche avant le 21 est le 15. Ce fut donc le 15 août que la reine de Navarre arriva à Nérac.

si cruel effect ne peut venir de luy, de faire enlever un fils unique d'entre les bras de sa mère par violence, ou son seul commandement a plus de pouvoir, si je l'ose dire, que ses forces. Et pour y obéir m'estoy-je acheminée jusqu'au dict Nérac. Mais les armes branlans de tous costés m'avoyent arrestée là pour ne me mesler parmy. Car ceux de la religion réformée, voyans les catholiques s'armer et d'avantage n'avoir autre mot en la bouche, sinon que dans un mois il n'y auroit plus de Huguenots en France, s'armoyent aussi pour défendre leur vie.

Je demeuray donc au dict Nérac et non sans peine. Et Monluc[1] scait combien de fois j'ay empesché que les nostres ne s'assemblassent les premiers. J'en ay renvoyé plusieurs qui, effrayez tant des nouvelles de l'entreprinse du ravissement de mon fils par le dict sieur de Losses que de menaces des papistes, me venoyent trouver. A la fin, voyant tous ces sinistes présages de guerre, et mesme considérant les responses que

---

1. — Blaise de Monluc, dans ses *Commentaires* (t. III, p. 172) raconte que, loin de rien tenter contre le repos de la reine de Navarre, il fut trompé par ses protestations pacifiques. A la nouvelle de son arrivée à Nérac, il lui envoya son neveu, Antoine de Gélas, s. de Léberon, pour la saluer. Il allait lui envoyer sa femme quand il apprit la fuite de la princesse.

m'avoit apportées Voupillières, forgées en la boutique du Cardinal, je cogneu et à mon grand regret que les affaires de ce royaume panchoyent du costé de la ruine, puis qu'en lieu de les estançonner[1] par bons et prompts remèdes, scelon l'advis qu'en avoyent tous les jours leurs Majestés par leurs plus fidèles subjects et serviteurs, l'on mettoit la sappe au pied par une connivence des crimes et violences faictes, mesme au Roy en ses édicts, et qui s'augmentoyent avec un tel desbordement, que je fu plus que contraincte de laisser à penser à mes affaires particulières pour discourir à part moy, et puis avec mes amis et serviteurs, de l'évènement de tous ces orages, et quelle fin ils pouvoyent tirer après eux, ramenans les troubles passez; et par quelle violence et contraincte ceux de la Religion réformée avoyent esté plus que forcez de s'armer et défendre, et que, pour une des occasions qui les contraignoit à cela, il y en avoit dix en ce temps icy.

Je fey ma conclusion ainsy : qu'il falloit de deux choses l'une, à sçavoir ; que leurs Majestez pour retrancher le cours à ce fleuve impétueux de misères, donnans lieu aux conseils et advis de ceux qui, avec pitié et

---

1. — *Estançonner*, étayer, arrêter; *estanchon,* poteau.

zèle à leurs services, les advertissans tous les jours du mal, luy en disoyent quant et quant le remède, il leur pleust les croire et approcher de leurs Majestez ; où que, s'ils s'endurcissoyent au mal, quictans le timon de ce pauvre royaume et l'abandonnans aux vents et flots de l'adversité par la malice des faux et traitres pilotes d'iceluy, ausquels ils se fient trop, qu'il estoit nécessaire par nécessité forcée que les princes du sang, comme estans astrains à un plus particulier devoir, et après eux la Noblesse et le peuple, missent la main vertueusement à l'œuvre, s'opposans par tous moyens, comme fidèles subjects et serviteurs, à telle ruine dudict royaume. Et que ceste opposition seroit cause que le cardinal de L'Orraine, pour pescher en eau trouble, n'entreprendroit rien moins pour s'oster cest empeschement de nous faire tous mourir, comme la lettre de l'agent du cardinal de Créquy [1], de laquelle, pour estre ci-dessous imprimée, je ne parle d'avantage, luy enlève le masque ; et qu'il n'a faict faire une si grande despence au Roy, retenant tant de forces françoises et estrangères, superflues et inutiles en temps

---

1. — Antoine de Créqui, évêque de Nantes et plus tard d'Amiens, cardinal en 1565, mort le 5 juin 1574.

de paix, que pour cest effect, comme j'en toucheray cy-après, venant à parler de ce qui s'en est ensuivy.

Ayant donc en mes discours préveu que les choses ne pouvoyent demeurer en c'est estat sans prendre une fin par retenir la paix qui s'escouloit de nous, comme j'ay dict, ou, la paix faillant, venir à la guerre, je me préparay à l'un et à l'autre. Mais voulant essayer la paix la première, je my toute la peine qu'il m'estoit possible d'empescher que les armes ne se levassent en Guyenne, ne d'un costé ne d'autre, parce que je voyoy nos ennemis estrangement animez et desbordez en faicts et dicts, estant encores la Guyenne entre les autres provinces et gouvernemens celle qui s'estoit le moins sentie du bénéfice de la paix ; de quoy tous ceux de la Religion estoyent presque au désespoir, tant grands que petits, vagabons par les champs sans pouvoir rentrer en leurs maisons ; qui estoit cause qu'on ne les pouvoit plus contenir.

Durant ce temps doncques, qui fut de quinze ou vingt jours [1], que je demeuray à Nérac, j'employay toutes mes forces à pacifier tout, comme les messages, allées et venues

---

1. — Cette indication coïncide exactement avec les dates que nous avons données p. 70, note.

envers Monluc[1] m'en sont tesmoignage. J'avoy un peu auparavant envoyé visiter Monsieur le Prince, mon beau-frère, pour (comme l'obligation de l'honneur que j'ay receu du feu Roy, son frère, me commandoit) entretenir l'amitié entre nous avec le double devoir de mesme religion; lequel, aussi marri que moy de voir la maladie de la France empirer, nos ennemis s'armer et eslever de tous costez, les gentilshommes massacrez en leurs maisons, les citoyens en leurs villes, et si peu de justice de tout cela, me manda qu'en ayant faict ses plainctes et advertissemens[2], comme moy de mon costé,

1. — Le 14 avril 1568, Catherine avait adressé une lettre très pressante à Blaise de Monluc : « affin, « dit-elle, que vous ayez à vous garder de faire « chose à ma sœur, la royne de Navarre, dont elle « puisse esprover domaige, d'autant que cela la « pourroit aigrir, de façon que nous ne viendrions « peult-estre jamais à bout de faire avecques elle « ce que nous avons délibéré pour remettre toutes « choses en son pays en repos.... » (*Lettres de Catherine de Médicis*, t. III, p. 135).

2. — Peu de temps après la paix de Longjumeau, au commencement de mai 1567, l'amiral de Coligny avait adressé une première remontrance au roi, laquelle est imprimée par J. de Serres dans les *Mémoires de la troisième guerre civile*, p. 7. Cette remontrance fut suivie de plusieurs autres que le comte Delaborde a reproduites ou mentionnées dans les chapitres I et II du tome III de *Gaspard de Coligny*. Le duc d'Aumale (*Histoire des Condé*, t. II, p. 349) a publié les plaintes de Condé au roi touchant l'inexécution de l'édit de Longjumeau (21 avril 1568, 11 et 20 juin, 22 juillet, 22 août).

il avoit toujours eu response de leurs Majestez qu'ils estoyent marris de tous ces maux, et en promettoyent justice, et mesme par le sieur de Téligny[1]; que cela estoit cause qu'ils en attendoyent les effects en pacience, me priant instamment d'empescher que les armes ne commencassent à s'eslever en la Guyenne par ceux de la Religion. C'est bien pour desmentir ceux qui ont dict et escrivent tous les jours que nous avons levé les armes les premiers. Je di donc qu'il est bien vrai que nous les avons levées, mais ç'a esté pour les mettre entre celles de nos ennemis et nostre vie, pour après employer ceste vie et armes au service de Dieu et de nostre Roy.

Voilà donc comme estant en ceste peine-là et attente de ce qui debvoit advenir de ces belles promesses, je renvoyay encores vers les dicts seigneurs Prince et Admiral, parce que j'avoy desjà ouy quelque vent que l'on les vouloit attraper. Mais mon homme les

---

1. — Charles de Téligny, plus tard gendre de l'amiral Coligny, assassiné à la Saint Barthélemy. L'objet de la mission de Téligny à la cour était de remettre au roi, de la part de Coligny, une remontrance que Jean de Serres nous a conservée. (*Mémoires de la troisième guerre civile*, p. 36 et suiv.). La date de la mission est fixée par une lettre de Coligny au connétable de Montmorency du 6 juillet 1568 (f. fr., vol. 3.155, f. 500).

trouvá partans de Noyers et Tanlay[1]. Ils ont assez desclaré la façon et comment ils partirent pour n'en faire reditte[2]. Mais je diray bien que, quand mon homme me fit le récit de la façon du départ et du marcher par les champs, je ne vous scauray exprimer la joye et la douleur ensemble que je senti, la joye de voir la miraculeuse délivrance, que Dieu, par sa bonté infinie, avoit faicte d'eux, et la douleur de voir les princes du sang et si proches de mon fils ainsi vagabonds par la France[3], fuyans la honteuse

1. — Le 23 août 1568.

2. — La fuite du prince de Condé et de l'amiral, de la dame d'Andelot et de leur famille a donné lieu à de dramatiques récits de la part des historiens anciens et modernes. Le plus autorisé de ces récits, parce qu'il fut écrit par l'un des fugitifs ou au moins en son nom, celui auquel Jeanne d'Albret fait ici allusion, est contenu dans une pièce du temps *Lettres et remontrances au Roy par Louis de Bourbon, prince de Condé... avec la protestation dud. s. prince*, petit in-8° fort rare. On en trouve un exemplaire à la Bibliothèque nationale (L. b, 33, n° 238). La pièce a été réimprimée sous un titre un peu différent dans l'*Histoire de nostre temps*, 1570, p. 88.

3. — Aucun historien n'a pu préciser la date de l'arrivée du prince de Condé et de Coligny à la Rochelle. Arcere la fixe au 19 septembre 1568 (*Hist. de la Rochelle*, t. I, p. 368), la Popelinière au 18 septembre (*Hist. de France*, livre XIV, p. 18), le duc d'Aumale avant le 14 (*Hist. des Condé*, t. II, p. 369), 369). La vérité est que Condé était à la Rochelle le 8 septembre (Lettre de Blandin à la reine, de cette date ; V° de Colbert, vol. 24, f. 183) et le 9 septembre, car il signa, ce jour-là, le règlement de discipline de

prison et mort ignominieuse; ce qui s'en fust ensuivie par les trames, assez déclarées par leurs escrits, de ceste hydre[1], à laquelle, pour une teste de meschanceté que l'on luy couppe, il en renaist sept. Mais il trouvera enfin ce grand Dieu juste juge, son Hercule puisqu'il ne le croit Dieu. Sa barbare cruauté n'a espargné aage ne sexe. Car de quoy estoit fournie l'armée avec laquelle ils ont dict que mon dict beau-frère s'estoit mis aux champs ? de chariots, coches, et litières. Et quoy pleines d'armes ? non, mais de femmes grosses et petits enfans, berceaux et nourrices. Et le cry innocent de ces petites

l'armée réformée (Pièce aux imprimés de la Bibl. nat., L, b, 33, n° 238, et *Hist. de nostre temps*, p. 264). Il n'y était plus le 11, car il est fait mention de son absence dans l'*Hist. de la Rochelle* de Barbot, t. II, p. 309, 1889. Il y était revenu le 15 (Lettre de ce prince à la reine d'Angleterre de cette date; coll. Moreau, vol. 718, f. 102).

1. — L'année 1568 fut marquée par une recrudescence de la haine du parti réformé contre le cardinal de Lorraine. Rien ne prouve cependant que, à cette époque, le cardinal ait montré plus d'ardeur contre les calvinistes. Mais le roi, aussitôt après la mort du connétable de Montmorency, avait delégué le duc d'Anjou à la lieutenance générale du royaume. Le prince avait bientôt pris une importance qui balançait l'autorité royale et le cardinal gouvernait souverainement sous son nom. Au mois de juin 1568 le prince de Condé avait obstinément refusé de se reconcilier avec ce prélat qu'il considérait comme l'ennemi capital de son parti (Doc. publiés par le duc d'Aumale, *Hist. des Condé*, t. II, p. 359, 360 et 364).

créatures estoit leur trompette pour sonner boute-selle. Les fleurs de liz dont leur sang est semé, tant s'en faut qu'elles ayent peu avec quelque révérence retenir la furie de ce Cardinal enragé, qu'elles ont redoublé sa manie. Et comme je le touche aux lettres du Roy[1], c'est vouloir arracher les branches, pour après en déraciner le tronc, qui est nostre Roy; il n'est plus temps de l'ignorer.

J'ay assez parlé de leur voyage. Il faut que je parle du mien. Voyant donc la nuée dont j'ay parlé, crevée et avoir esclatté un si horrible tonnerre, l'effect de la susdicte lettre de l'agent du cardinal de Créquy en tant qu'à eux avoit été possible; m'estant, comme j'ay dict cy-devant, préparée, si je ne pouvoy voir une paix asseurée, au moins à une licite guerre; les armes se reprenans pour si légitimes occasions que pour la gloire de Dieu, que nous voyons tous les jours foulée aux pieds, et le sang des siens respandu; et quant au service de Sa Majesté, estant son auctorité tellement méprisée et desdaignée qu'entre ces mutins infracteurs de ses Edicts et rebelles à ses commandemens, il ne tenoit plus rang de Roy; les princes de son sang chassez par les estran-

---

1. — Ces lettres sont imprimées aux *Pièces justificatives.*

gers usurpateurs du lieu qu'ils debvoyent posséder ; je voudroy sçavoir si la pacience de voir et ouyr toutes ces choses peut longuement demeurer avec la fidélité à son Dieu et à son Roy dans le cœur d'un subject. Quant à moy, je ne tien celuy, soit par stupidité ou pusillanimité qui connive à ces exécrations-là, moins coulpable que celuy qui les faict ; car s'il est en nos moyens de tirer un homme de l'eau et nous le laissons noyer, ne sommes nous pas meurtriers? Par plus forte raison, si nous voyons l'évident péril de ce royaume par la persécution de la religion, la couronne de nostre Roy estre à demy sur la teste de son ennemy, ne luy donnerions-nous pas une secousse pour achever de la renverser quand nous tiendrions les moyens que Dieu nous a donnez inutiles sans les déployer à venger tels actes? A bon droict si nous l'avions faict, aurions-nous mérité les titres que le Cardinal et ses adhérans, vrais possesseurs d'iceux, nous donnent de traistres, rebelles et séditieux?

Je résolu donc de m'acheminer vers mon beau-frère avec mes enfans, et me joindre, de vie, biens et moyens, avec eux comme je l'avoy esté toujours de volonté, ne voulant tomber en la peine où nous avions esté aux pénultièmes troubles, ayans esté amusez et rendus inutiles par la malice d'aucuns de nos subjects, comme j'ay dict, et mesme mon fils, qu'il me faisoit grand mal de voir en cest aage parmy les femmes. Je le menoy donc de bon cœur à ce voyage, car le plus grand désir que j'aye jamais eu, ç'a esté qu'il sacrifiast ses prémices d'armes pour la gloire de son Dieu, le service de son Roy, et le soutien de sa patrie, et le devoir au sang, qui sont, comme j'ay plus amplement discouru, les trois occasions qui m'ont faict laisser mes dicts pays. Ne pensez donc pas que j'aye entrepris ce voyage légèrement. Croyez que ce n'a esté sans combattre et auctruy et moy. Car Sathan s'opposant tousjours au bien, dont Dieu par sa pure grâce rend les siens instruments, n'a pas dormi lorsque le sainct zèle de sa gloire m'aiguillonnoit. Et s'est aydé, cest ennemy, des promesses et flatteries des grands, mais en vain, estant assez accoustumée à telles piperies pour résister à choses si viles et si indignes d'un cœur généreux que l'ambition et l'avarice.

Voyant donc, mon ennemy, qu'il perdoit temps de ce costé-là, m'a suscité quelques serviteurs (serviteurs, di-je, de différentes humeurs), les uns malins effrontez, les autres sages mondains, aucuns du tout ignorans, tels qui avoyent un zèle inconsidéré ; et les timides n'y ont esté oubliez. Brief il n'a rien laissé en arrière de ce qu'il a pensé luy servir à me dissuader de ma chrestienne entreprinse. Les plus effrontez et téméraires m'ont voulu faire douter de la droiture de la cause, alléguans leurs raisons assez communes et entendues d'un chascun pour n'en faire redicte. Mais de quoy m'a servi de les escouter, sinon comme à une jeune personne de vingt ans les lunettes d'un vieillard sexagénaire ? Car au lieu de me faire juger leurs dictes raisons plus apparentes et lisibles, il me les ont faict voir si petites et si confuses que je n'y ay rien moins congneu que ce qu'ils ont prétendu m'y montrer. Ceux-là, me cuidans perdre, se sont perdus eux-mesmes, et sont tombez, si Dieu ne les en relève, en la fosse qu'ils avoyent cavée[1] pour moy. A mon grant regret puis-je dire qu'ils en ont renversé maints avec eux. Et mon opinion en est restée plus ferme : premièrement par le sentiment de ma conscience enseignée par la parole de Dieu. Mais de vray qui est l'ignorant, s'il ne le veut estre ou à son escient ou malicieusement, que tan[t]

---

1. — *Cavée*, creusée. Cette acception est rare, car le mot *caver* dans la langue du XVIe siècle a un tout autre sens. Cependant Brantome emploie le substantif *cavement* dans un sens analogue.

d'escrits par lesquels les plus doctes de nostre temps ont paint si au vif la dicte justice de nostre cause et légitime prinse des armes, qui puisse résister à si forts argumens. J'en sçay qui en demeurent vaincus en leurs consciences secrettement, et qui l'avoueroyent haut et clair comme nous, si l'ambition, la faveur ou l'avarice ne se fussent emparées premièrement de leurs cœurs.

O pauvres misérables qui embrassez toutes ces grandeurs et promesses, et vous enflez d'une vaine espérance, serrez bien estroit ce contentement que recevez, cependant que le somme d'ignorance vous tient endormis; car, lorsque la vérité vous recueillera, tout ce bien vous eschappera et s'évanouira comme le songe. Il ne sera plus lors temps de vous repentir; vostre deuil vous demeurera plus long que le bien qu'attendiez; regret marchera devant vous; honte tallonnera vos pas. Par le juste jugement de Dieu vostre conscience vous sera perpétuel bourreau. D'une et d'autre religion serez-vous mesprisez. Voilà le langage que j'ay tenu à telle manière de gens pour leur rendre le bien pour le mal, et leur conseiller leur salut lors qu'ils me vouloyent quasi comme arracher le mien. L'assaut de ces téméraires, il a esté fally? Voici venir sur les rangs ceux qui n'estiment rien que leur prudence, par laquelle ils cuident percer jusques au plus profond des secrettes choses du monde, qui m'ont allégué combien c'est une chose requise, voire nécessaire aux Princes, de concerver leurs estats en paix, mesmes à un moindre entre les plus grands en trouble ; me suadans tendre une main d'un costé, l'autre de l'autre. C'estoit proprement nager entre la conscience et le monde, favorisant la cause, retenant néantmoins de quoy me conserver parmy les adversaires. Et quant à ces pauvres fols (je les appelle ainsy selon le monde parce que je ne puis faillir de parler après l'approuvé aucteur, qui dit que la sagesse du monde est folie devant Dieu), ils ont battu l'eau en vain, et n'ont cueilli autre fruict de leurs paroles, sinon que se faire cognoistre abuseurs ; qui, se trompans les premiers, veulent réduire chacun à leur humeur. Ceste prudence pleine d'ergo n'a pas vaincu mon ignorance, car celuy qui a dict qu'il confondroit les choses qui sont par celles qui ne sont point, a fortifié en moy le vaisseau fragile. Je me suis aydée du glaive à deux trenchans de la parole de Dieu pour convaincre ces arrogans, qui cuidoyent enclorre tout le scavoir du monde en leur jugement ; et ne leur ay allégué que le mesme passage que j'ay mis pour me défendre de l'injure qu'ils pourroyent prétendre que je leur auroy faicte de les appeler fols : c'est que la sagesse du monde est estimée folie devant Dieu, mesmes quand nous la voulons mettre en rang avec ses commandemens, lesquels nous tâchons attirer à nostre sens, et ne pouvons captiver nos entendemens à ceste humble obéissance qu'il requiert de nous et qui ne se peut nullement accorder avec ceste sagesse mondaine. Car il est escrit que, qui met la main à la charrue et regarde derrière soy, il est indigne du royaume des cieux. Ce n'est pas un Edict qui nous banisse du Royaume de France, qui n'est nostre habitation que pour un temps si court qu'est nostre vie. Car celuy-ci est l'Edict irrévocable qui nous chasse à perpétuité de la demeure éternelle du ciel, et que nous devons craindre.

Ceux qui avec plus d'ignorance que de malice se laissoyent emporter à leurs frivoles imaginations, m'opposoyent le travail, où je m'alloy jetter, au repos de mes maisons, lequel, avec la conscience et la religion, je pouvoy à leur avis sainctement garder. J'ay supporté volontiers leur ignorance, et leur ay plus doucement respondu qu'aux autres, et mesme que le travail pour le debvoir ne se doibt nommer peine, mais plustost le repos trop cherché en l'ayse de la commodité. Je leur disoy davantage que, quand la personne est appelée par légitime vocation à servir à la gloire de nostre Dieu, tous pays doibvent estre sa propre maison. Pour vous dire vray, j'ay assez fortement repoussé les effrontez, les sages mondains et les ignorans. Mais venons à ces remplis d'un zèle inconsidéré, et en partie quelques-uns liez à l'amour de leur patrie, lesquels me remonstroyent que laisser mes pays, desquels j'estoy tenue rendre compte devant Dieu, n'estoit bien faict, et les abandonner quasi en proye à l'estranger[1], dont ils estoyent menassez, et mesme davantage en mon absence[2], que la charité commençoit par les siens, et que ce tort ne touchoit pas seulement à moy et mes enfans, mais à mes subjects, dont le nombre estoit si grand. Ils avançoyent leur

---

1. — *L'estranger* ici désigne Philippe II, dont la puissance était très redoutée et qui passait pour convoiter les états du Béarn.

2. — Jeanne d'Albret courait plus de dangers qu'elle ne croyait. A la nouvelle de sa fuite, le roi d'Espagne chargea son ambassadeur de proposer au roi de France « aide et secours du costé de Béarn et « Navarre, puisque ceux de ce costé avoient prins « les armes... » Catherine se hâta de remercier le roi d'Espagne et de repousser la proposition (Lettre à l'ambassadeur de France à Madrid du 30 septembre 1568; *Lettres de Catherine de Médicis*, t. III, p. 188).

conséquence jusques à la généralité de la cause, parce qu'ils me voyent là attachée, disant que mes enfans et moy estions personnes publiques, et qu'il ne nous failloit ainsi hazarder ; et d'un costé me peignoyent si au vif l'affliction d'un peuple affligé loin de secours de sa dame souveraine, de l'autre la conscience, que (il faut ici que je confesse mon infirmité), ceux-là m'ont faict entrer la pitié au cœur, esmeue par cest amour naturelle que je doy à mes subjects.

Lors me sentant branler en ceste opinion, je my peine de me fortifier ; me proposant la sage providence de mon Dieu, sans laquelle un cheveu de nostre teste ne peut tomber, et que, laissant mes dicts pays en sa garde, m'aydant néantmoins des moyens qu'il m'a donnez d'y commettre en mon absence gens de bien [1], je ne debvoy désister de mon entreprinse; et, de ce qui me servist à combattre mon doubte, je m'ayday aussi à repousser la tentation de ces inconsidèrement zélez. Je n'estoy pas quasi rassurée du rude choc qu'ils m'avoyent donné, que voicy les timides qui, avec des raisons selon le monde

---

1. — Avant de quitter Nérac, le 30 août 1568, Jeanne d'Albret désigna le s. d'Arros comme son lieutenant général en Béarn. Les lettres de la reine sont conservées en copie du temps dans la coll. Dupuy, vol. 153, f. 179.

fort apparentes, m'alléguoyent les dangers des chemins, les forces toutes prestes de nos ennemis, et les nostres escartées de çà et de là ; la cruauté des meschans et leur barbarie, qui ne met point de différence entre les grans et les petits, qui n'espargne estat, aage ne sexe. Si ces inconsidèrement zélez m'esmeurent à pitié par une douceur, ceste rigueur des timides me fit bien sentir autre passion. Car la crainte d'une honteuse fuite me fit pallir ; le danger d'une cruelle prison me fit frémir ; les larmes me vindrent aux yeux de l'appréhension de la séparation qu'on pourroit faire de mes enfans et de moy. Et me persuadoyent ces timides qu'en rompant mon voyage et me retirant chez moy, j'évitoy tout ce mal.

Que fey-je me sentant quasi vaincue ? et néantmoins sentant bien que je ne la debvoy pas estre ? Je prins loisir d'entrer jusques au plus profond cabinet de ma conscience, et, cuidant penser au repos qui m'avoit esté présenté, me vindrent au devant les ennuis et fascheries que j'avoy eues durant le pénultime trouble. Car quel bon somme pouvoy-je faire, m'arrivant à mon coucher la nouvelle des massacres de mes frères ? Je sçay qu'icy les frères d'iniquité se moqueront, comme est leur coutume, de ce mot de frère, mais Dieu sera leur juge et le mien. Je reviendray donc au réveil de ce triste somme. Toutes les commoditez et beautez de mes maisons, de quoy me servoyent-elles que de représenter l'incommodité de tant de pauvres bannis des leurs, qui, vagabonds par cy par là, estoyent à mandier ce dont ils souloyent despartir aux autres. J'avoy le cœur transi mille fois le jour, sçachant les nostres aux dangers infinis que apporte une cruelle guerre, et mesme ayant des parents si proches et des amis si chers. Et par ce que ceste affliction de toute l'Eglise a desgoutté sur moy, comme membre d'icelle, par un eschantillon de guerre civile en mes pays souverains, il m'a semblé, venant à la considérer, que Dieu me monstroit par là que ceux qui se cuideroyent exempter par quelques prudens moyens de sa main, qu'elle est si longue que tout homme peut dire avec le Psalmiste : « Ou iray-je hors de devant « ta face ? au ciel, en terre, aux abysmes ? « Tu y es. La nuict de ma prudence ne me « couvrira point. » Je jugeoy donc par là que c'estoit chose incompatible que la pacience de ces choses-là chez moy avec la charité, qui nous appelle à tout secours, mesmes vers les domestiques de la foy. Et me sembloit bien que les plaindre par une pitié seulement n'estoit assez, et qu'il falloit mettre la main à la paste.

Ce qui incitoit plus ma conscience estoit mon fils, le voyant desjà grand, et, sinon pour porter les armes, au moins pour devoir estre à l'escole militaire. Je vous diray que ce scrupule ne m'a jamais laissée en repos que je ne l'aye rendu où il est par la grâce de Dieu. Durant ces discours en mon esprit, je n'eu pas seulement à combatre les ennemis estrangers, j'eu la guerre en mes entrailles. Ma volonté propre se bandoit contre moy-mesme. La chair m'assailloit et l'esprit me défendoit. Si une heure j'avoy du meilleur, à l'autre j'avoy du pire. Brief, parce que ce sont passions mal aysées à décrire et qui ne se peuvent juger qu'au sentiment, je prieray ceux qui ont passé par là et de qui le cœur a esté esprouvé comme l'or en la fournaise, s'amuser plus tot à imaginer mon tourment qu'à le lire, et croire que Sathan, ennemy ancien, qui a, par sa vieille expérience, apris les ars plus parfaictement que nul homme, n'oublia la grave rhétorique, la persuasive éloquence, la douce flatterie ne la fardée menterie pour venir à bout de ses desseins. Et avoit bien sceu choisir les instrumens propres pour les exécuter. Et mesme les sentant faibles contre moy, estoit entré jusques aux tentations de l'âme, et avoit gaigné la moitié de mes volontez pour vaincre l'autre. Toutes fois je suis demeurée enfin victorieuse par la grâce de mon Dieu.

Je m'amuse trop ici et me semble vous avoir assez faict entendre quels combats j'ay soustenu pour demeurer ferme en ma première entreprinse de faire le voyage que j'ay faict. Ce que j'ay bien voulu desclarer par le menu pour aller au devant, et fermer la bouche à ceux qui m'accuseroyent de m'estre précipitée en ceste cause à yeux fermez, comme il y a eu quelque mal-avisé escrivain, lequel a faict un fâcheux petit discours intitulé : *Réponse à un certain escrit publié par l'Admiral et ses adhérans* [1]; là où l'aucteur, mal informé de mes humeurs et de celles de mon fils, dict en vii articles que le dict Admiral, par

---

1. — *Responce à un certain escript publié par l'Admiral et ses adhérans*, Paris, Fremy, 1568, in-8°. Ce pamphlet est d'Antoine Fleury. Il fut publié dans le courant d'octobre ou de novembre 1568. « L'auteur, dit le P. Lelong (t. ii, n° 18.042) exalte les droits, les privilèges, les sentiments de la Noblesse en général. Il exhorte celle du parti du roi à faire un effort pour la cause commune de l'état et l'extirpation de l'hérésie. Il invite la noblesse du parti opposant à se réunir à l'autre, qui est beaucoup plus forte, et à abandonner des gens qui, par toute leur conduite, font assez connaître qu'ils veulent principalement abattre le clergé et la noblesse. » Ce pamphlet fut traduit en latin et publié sous ce titre : *Ad perduellionis admiralii causas responsio*, Parisiis, Fremy, 1568, in-8°.

artifice surprenant l'imbécilité d'une femme et d'un jeune prince, qui a c'est honneur d'estre le premier du sang, après le Roy et Messieurs, les a attirez à sa cordele[1], et leur a faict, légèrement et contre l'advis et volonté de leurs principaux parens, et amys, et serviteurs, et du plus grand nombre de leurs vassaux et subjects, lever les armes, et les aiguiser et convertir contre leurs propres entrailles, et mettre en évident péril ce qui leur reste d'estat, pour, avec le pris de leur ruine, procurer et rechercher celle du Roy, du peuple, et de tous les princes, seigneurs et gentilshommes de ce Royaume[2].

1. — *Cordele*, fraction, parti. Clément Marot a employé cette expression dans ce sens.
2. — Voici l'extrait de la *Responce à un certain escript publié par l'admiral et ses adhérans...* dont parle la reine de Navarre : « Que si le Roy, les princes et seigneurs et tout le bon peuple français a quelque occasion de regretter que led. prince de Condé se soit tellement lasché aux alleschemens et vaines espérances de grandeur proposées par led. admiral, de combien il sera maintenant plus dolent de veoir que, par mesmes artifices surprenant l'imbécilité d'une femme et d'un jeune prince, qui a cest honneur d'estre le premier du sang après le Roy et Messeigneurs, il les ait attirés à sa cordelle, leur face, légièrement et contre l'advis et volonté de leurs principaux parents, amis et serviteurs et du plus grand nombre de leurs vassaux et subjects, lever les armes, les aiguiser et convertir contre leurs propres entrailles et mettre en évident péril ce qui leur reste d'estat, pour, avec le prix de leur ruine, procurer et rechercher celle du Roy, du peuple et de tous les princes, seigneurs et gentils hommes de ce royaulme. »

J'ay bien voulu mettre icy de mot à mot le dict article qui touche à mon fils et à moy, comme il est escrit au dict traicté pour y respondre. Car, encores que la honte des impudentes menteries qui y sont dictes de nous les ayt aucunement retenus de ne nous oser ouvertement nommer, si est-ce qu'usant d'une périphrase, ils ont bien voulu que chacun entende de qui ils parlent. Respondant donc au premier mot de l'imbécilité d'une femme et d'un enfant, surpris par cet artifice de l'Admiral, puisqu'ils avoyent envie de calomnier l'un et mépriser les autres, ils devoyent rechercher quelque acte plus industrieux, que de dire que nous ayons esté attirés à une cause dont nous avons monstré il y a longtemps, par tous effects, y estre assez volontaires pour n'avoir besoin de force ne d'artifice pour nous en augmenter l'affection. Et ce que j'en ay escript cy-dessus sera suffisante preuve de ceste menterie sottement inventée. Je ne m'amuseray à ce dédaigneux épithète d'imbécilité de femme, car si je vouloy icy entreprendre la défense de mon sexe, j'ay assez de raison et exemples contre ce charitable, qui en parle quasi comme par pitié, pour luy monstrer qu'il a abusé du terme en c'est endroit-là. Et viendray à l'enfant, qui m'est aussi si proche que, encores que la vérité me fist parler, je seroy tousjours accusée par les malins d'estre transportée d'affection. Ce mot suffira que, comme les esprits sont plus avancez en ce temps, si, en l'aage de quinze ans, il estoit encores imbécile, ce seroit une mauvaise espérance de luy à l'avenir; ce que, Dieu merci, personne n'a de luy. En cecy accusent-ils grandement la nourriture[1] qu'il a prinse aux pieds de son Roy en son conseil privé[2], escole pour rendre les plus grossiers civils et accorts. Son imbécilité donc ne l'a point laissé surprendre en ceste cause. Le zèle qu'il a pleu à Dieu luy mettre dans le cœur de sa gloire, et le service de son Roy, auquel il n'est pas si enfant qu'il ne sçache quel devoir il doibt, et l'amitié des siens si proches, sont les trois cordes qui l'y ont tiré. Et quand il vient à l'honorer de ce rang de premier prince du sang, après le Roy et Messieurs, jugez par ce qui s'ensuit la malice. Car, pour faire trouver plus aigres les meschancetez qu'il en dict après, il y met ce fond blanc pour mieux relever son noir. Il commence par nous rendre à son advis

---

1. — *Nourriture*, éducation. Ce mot est généralement employé dans ce sens au xvie siècle.
2. — Le prince de Navarre faisait nominalement partie du conseil du roi en vertu d'un règlement du 23 octobre 1563 (f. fr., vol. 5 905, f. 79 v°).

inexcusables, que nous y sommes venus légerement. Les difficultez que j'ay desmeslées, comme devant je le récite, respondent assez à ce mot, et y adjouste contre l'avis et volonté de leurs principaux parens, amys et serviteurs, subjects et vassaux. Je m'esbahy de ces aveugles, qui veulent juger des couleurs et se persuader des choses qui ne sont point; ou si elles sont, ce n'est de façon qu'ils s'en puissent prévaloir, comme cestuy-cy faict. Car notez que tous nos parens, amys, serviteurs et subjects, sont despartis en trois parts : l'une de l'Eglise réformée, l'autre catholique Rommaine ; d'autres qui sont du tiers ordre, qui ont le feu et l'eau en la bouche, et de qui le conseil ne peut estre stable. Je les laisse donc là, et croy que l'on pense bien que mes parents, joincts à la mesme cause, sont joincts aussi en mesme avis. Quant aux autres, ils sont nos parties en cela, et par conséquent non croyables. Et je puis dire qu'ils ne nous ont donné grande peine à leur y respondre ; car ils ne s'y sont guières avancez, et pense que celuy qui a faict le dict petit livre eust bien voulu que nous eussions creu les sieurs de Guyse comme proches de mon fils et principalement le Cardinal. Mais quelle brute ignorance? Cuide-l'on que nous soyons si imbéciles, mon fils et moy, que la mémoire des premières ruines qu'ils ont pourchassées au feu Roy, mon mary, et despuis continuées en nostre maison, ne nous ayt assez affinez pour nous garder d'eux; comme se rendans ennemis de nos honneurs, vies et biens. Vrayement j'advoue que si nous avions creu ces conseils-là, que nous aurions à bon droict acquis le titre d'imbécilité.

Quant à mes serviteurs, combien que j'en aye eu de mauvais, comme j'en ay touché quelque chose cy-dessus, si est-ce que le nombre s'est trouvé encores assez grand, Dieu mercy, des fidèles et bons, pour avoir fortifié ma pure affection par leurs avis et conseils. Quoyqu'ils ayent tasché par coliers[1], estats, grandeurs, et bien-faicts à m'en destituer, ils n'y ont attrapé que ceux que je vouloy bien perdre[2]. Quant à

---

1. — A la suite du soulèvement de la Basse-Navarre et de la soumission des révoltés à Jeanne d'Albret, le s. de Luxe, chef des rebelles, avait reçu du roi le collier de l'ordre de Saint-Michel de la main même de la Mothe Fénelon. Cette récompense avait paru singulière, appliquée à un seigneur qui avait à peine mérité le pardon de la reine de Navarre (Bordenave, p. 150).

2. — La reine de Navarre désigne évidemment ici non pas les seigneurs rebelles de la Basse-Navarre, qui n'étaient pas plus insubordonnés que les seigneurs de France, mais Jacques de Saint-Astier, s. des Bories, lieutenant de la compagnie du prince de Béarn. Des Bories s'était toujours montré le

mes vassaux, la plus grand part de ceux de la Guyenne, où nous avons presque tous nos biens, sont-ce pas eux qui nous y ont conduits? Les subjects, qui sont les Navarrois et Béarnez; (horsmis ceux que par lettres et belles promesses ceux mesme qui en parlent nous ont subornez et retranchez du nombre des fidèles subjects), les uns sont, et en plus grand nombre que l'on ne pense et des deux religions, portant les armes avec mon fils, les autres sont demeurez au pays fermes à nos services, s'opposans fidèlement aux entreprinses que mes ennemis y veulent faire. Voilà comme cest ignorant a parlé selon ce qu'il veut qu'il soit, et non selon ce qui est. Et mesme en ce qu'il en dict que nous avons fait contre la volonté de nos parens, amys, serviteurs, vassaux, et subjects, il ne nous accuse pas là d'un petit *peccadillo*[1], car il dict que nous avons levé les armes aiguisées et converties contre nos propres entrailles. Et, comme j'ay dict en la

---

fidèle serviteur de la reine de Navarre. Au mois d'août, de concert avec son fils, elle lui adressait les lettres les plus cordiales (Voir la correspondance inédite que nous allons publier). Au mois d'octobre des Bories est passé au parti du roi avec la compagnie du prince de Béarn et Catherine de Médicis le félicite de son évolution (*Lettres de Catherine de Médicis*, t. III, p. 191).

1. — *Peccadiglio*, peccadillé.

lettre de la Royne d'Angleterre[1], que nous avons dressé la poincte de nos armes contre le ciel et contre le Roy, jà à Dieu ne plaise que telle impiété et infidélité ait jamais seulement halené[2] les cœurs de ceux de Bourbon et Navarre. Aussi appert-il bien du contraire par le mesme effect dont il nous accusent : asçavoir les armes prinses pour le service de Dieu, du Roy, et de la patrie, comme il est tant dict, tant escrit, et tant creu de gens de bien, princes et estrangers, que la reditte en seroit superflue. Il adjouste que nous mettons ce qu'il nous reste d'estat en évident péril. Puisqu'il parle d'un reste d'estat, c'est à dire qu'il a esté autrefois entier[3], et chascun le sçait, et que la dissipation en a esté pour le service de la couronne, pour laquelle nous ne plaignons d'y hazarder ce reste; mais non pas, comme il dict, au pris de nostre ruine, pourchassant celle du Roy, du peuple, des Princes, et des gentilshommes de ce Royaume.

---

1. — Lettre adressée à la reine d'Angleterre publiée plus loin.

2. — *Haleiner*, sentir l'haleine, au figuré *approcher*, mot employé par Charron et par Pasquier.

3. — Le royaume de Béarn et Navarre, tel que l'avait possédé la maison d'Albret avant 1512, contenait la Navarre espagnole.

Qu'ils se prennent hardiment eux-mesmes par le nez. Pour mon esgard, de tant d'exemples qui les en convainquent, parce qu'elles sont escrites en plusieurs lieux, et que mon propre subject me fournist assez d'argumens sans grossir mon livre d'autres, je me contenteray de prendre quelcun de chacune accusation. Quant au Roy, je les renvoye au livre qui a esté faict en la faveur de ceux de Guise, pour s'attribuer la couronne de France[1]; quant au peuple, au

---

1. — Il s'agit ici du *Discours pour la majorité du roy très chrestien contre les escrits des rebelles* signé par Jean du Tillet, évêque de Saint-Brieuc, mais écrit par le frère de l'évêque, Jean du Tillet, greffier du parlement de Paris, ainsi que l'a démontré Secousse dans les *Mémoires de Condé*, t. I, p. 433. Le *Discours* de du Tillet parut en 1560, in-4°, et a été réimprimé dans le *Traité de la majorité des rois* de Dupuy, p. 317, avec d'autres pièces. L'auteur prétend prouver que les Guises descendent de Charlemagne. C'est ce qui a fait dire à leurs ennemis qu'ils revendiquaient la couronne de France. Mais tel n'était pas l'objet du *Discours*. Il avait été écrit pour répondre aux pamphlets huguenots de 1559 et de 1560, qui, arguant de la minorité réelle de François II, demandaient la régence pour le roi de Navarre. Ces pamphlets huguenots ont été presque tous réimprimés dans les *Mémoires de Condé*, t. I et t. II, et sont catalogués par le P. Lelong, t. II, p. 234. L'un d'eux, *Les estats de France opprimés par la maison de Guise*, avait été reproduit dans les *Commentaires de l'estat de la religion et république* du président Pierre de la Place, ouvrage protestant (édit. du *Panthéon littéraire*, p. 28 et suiv.).

massacre de Vassy[1], Meaux[2] et trop d'autres ; quant aux Princes, aux monopoles[3] faicts contre le feu Roy, mon mary ; la prison de Monsieur le Prince, son frère, à Orléans[4] ; sa dernière poursuitte de fresche mémoire[5] ;

1. — Le dimanche, 1er mars 1562, le duc de Guise passant avec son escorte à Vassy à l'heure du prêche, ses gens se prirent de querelle avec les réformés et égorgèrent la plupart des fidèles. Le retentissement de cette échaufourée fortuite fut immense et détermina la première guerre civile. Le parti huguenot a été fort injuste vis à vis du duc de Guise en transformant le massacre de Vassy en un guet à pens prémédité et froidement exécuté ; le parti catholique non moins injuste en le traitant de collision sans importance, qui ne méritait ni répression ni mesme de blâme. Nous avons raconté, d'après des documents nouveaux, ce triste incident de nos guerres civiles dans *Antoine de Bourbon et Jeanne d'Albret*, t. IV, p. 108.

2. — Jeanne d'Albret a voulu probablement désigner ici les massacres de Sens qui suivirent de près ceux de Vassy. A Meaux il n'y eut que des troubles. A la suite de quelques pillages d'église, le parlement de Paris rendit, le 30 juin et le 13 juillet 1562, un arrêt contre les réformés de Meaux. Joachim de Monluc de Lioux, frère de l'auteur des *Commentaires*, se rendit à Meaux le 25 juillet, rétablit l'exercice de la religion catholique, et, le 6 août, désarma les Huguenots. Ceux qui ne voulurent déposer leurs armes sortirent de la ville au nombre de 400 pour aller rejoindre le prince de Condé. Mais ils furent défaits dans la campagne par les paysans soulevés et périrent presque tous. Tel est le récit de Thou (liv. XXXI, édit. de 1740, t. III, p. 207).

3. — *Monopoles*, intrigues. Ce mot est employé dans ce sens par Pasquier et par Brantome.

4. — Arrestation du prince de Condé à Orléans le 30 octobre 1560. Voyez plus haut.

5. — Ordres d'arrestation du prince de Condé, qui motivèrent la fuite de Noyers.

quant aux gentils hommes, à avoir par tous moyens essayé d'exterminer tant de noblesse et grands capitaines, qui maintenant, estant ensemble en armes, se peuvent mieux nombrer qu'espars, pour, en affoiblissant d'autant les forces du Roy et faire plus aisément tresbucher son Estat, qu'ils ont desjà tant esbranlé, et dont il y a longtemps qu'ils fussent venus à bout, sans la fidèle opposition des bons et loyaux subjects et serviteurs de Sa Majesté, Princes, gentils-hommes et peuple : auquel nombre si grand si, mon fils et moy, ne nous fussions joincts par mesme dévotion, nous n'oserions maintenant lever les yeux au ciel.

Que le cardinal de Lorraine donc et ses adhérans, avec leurs inventions de semer par escrit leurs puantes et absurdes menteries, pour cuider suffoquer nos véritez, aillent vendre leurs coquilles [1] ailleurs. Si son effrontée meschanceté ne chassoit toute honte de son cœur, il devroit maintenant bien rougir de congnoistre sa principale intention en cela

---

[1] *Vendre ses coquilles*, terme de mépris, au figuré *colporter ses mensonges*. Antoine de Bourbon, roi de Navarre, emploie cette expression dans le même sens. Repoussant tout accord avec la reine d'Angleterre il écrit au roi que ce « n'estoit point à « luy à qui elle se devoit adresser pour vendre ses « coquilles. » (*Négociations sous François II*, p. 368)

renversée, qui estoit de nous rendre et nos actions, odieuses tant parmy les estrangers qu'envers nostre propre nation. Et toutes fois, par ceste grande bonté et providence de nostre Dieu, voyant les monopoles, conseils, et entreprinses bouleversées, les estrangers de tous costez offrir aide à la cause, poussez d'un zèle de la gloire de Dieu, et aucuns, comme anciens amys de la couronne, y venir apporter aide et faveur, les François accourir de toutes provinces et s'assembler comme formillières, et se joindre, maugré leurs empeschements et miraculeusement, pour chascun sceller de leurs vies et biens ceste fidélité jurée et promise à leur Roy sous les premiers Princes du sang; je désire que sans passion l'on veuille de près esplucher de quelle miraculeuse façon ceste armée chrestienne et fidèle à son Dieu et à son Roy, s'est assemblée des quatre coins du Royaume, veu que les gouverneurs des provinces avoyent tous tant promis à leurs Majestez qu'il ne s'assembleroit point quatre Huguenots en armes, qu'ils ne fussent taillez en pièces.

Et parce que d'autres ont escript les dangers qu'a eschappé Monsieur le Prince mon beau-frère, et Monsieur l'Admiral en leur voyage, les passages des guez incogneuz[1], la faveur de ce père céleste qu'[a] sentie en pareil cas Monsieur d'Andelot au passage de la rivière Loyre[2], qui, à l'exemple de la mer Rouge, a donné chemin aux enfans de Dieu[3], comme la honte, qui accompagna

1. — A la nouvelle de la fuite de Noyers, le roi commanda au s. de Ferrals de l'informer de la marche des troupes de Condé afin de couper les passages sur la route de la Rochelle (Lettres du 20 sept. 1568 minute ; f. fr., vol 15.518, f. 61). Tous les capitaines des villes des bords de la Loire s'efforcèrent d'arrêter le prince. « Les ponts et ports, dit le récit officiel
« publié par le prince, estoient saisis expressément
« à ceste fin par des garnisons telles qu'il eust esté
« impossible aud. s. Prince lors forcer. Dieu toutes-
« fois favorisa tant ce petit troupeau, qui s'estoit du
« tout commis à sa seule bonté, qu'il leur monstra, au
« droict lieu où led. s. Prince s'estoit rendu, un
« guay incognu auparavant et jugé inaccessible par
« les habitants mesme des lieux. Et iceluy estant
« essayé premièrement par un gentilhomme de la
« troupe, tant lesd. sieurs Prince et Admiral, que
« tous les hommes de cheval qui estoyent à leur
« suitte, passèrent surs et saufs soubs la conduite
« du bon Dieu. » (*Histoire de nostre temps*, p. 94).

2. — François d'Andelot complétait ses armements à Laval, surtout en Bretagne, et avait réuni 1500 cavaliers et vingt enseignes de gens de pied (Lettre de Montpensier au roi du 14 septembre 1568 ; f. fr., nouv. acquis., vol. 6010, f. 25). Le 14 septembre d'Andelot était à Beaufort et le 16 il traversa la Loire (*Mémoires de la Noue*, chap. XIX).

3. — Tous les historiens protestants racontent que les réformés traversèrent la Loire en chantant la traduction du psaume *In exitu Israël* :

    Quand Israel hors d'Egypte sortit
    Et la maison de Jacob se partit
    D'entre le peuple estrange,
    Juda fut fait la grand' gloire de Dieu

la fin de l'entreprinse du sieur de Martigues [1], leur en est un tesmoing non suspect, si ceux-là, non pour vanter leur gloire mais pour recongnoistre ce bien de ce grand Dieu des armées, font retentir les bois et les plaines de psalmes et actions de grâces, nous tairons-nous, mon fils et moy, pour lesquels nous avons veu les mains de l'ad-

> Et Dieu se fit prince du peuple Hébrieu,
> Prince de grand-louange.

(Trad. du psaume 114 par Marot; *Œuvres*, 1731, t. IV, p. 323).

1. — Jeanne d'Albret se trompe ou prend ses désirs pour des réalités. Il y eut de fortes escarmouches entre Martigues et d'Andelot, mais ce fut le premier qui en eut l'honneur. Voici la vérité. Martigues ne visait pas à arrêter d'Andelot, mais il s'efforçait de rejoindre le duc de Montpensier à Saumur, quand il rencontra, le 15 septembre 1568, l'armée de d'Andelot sur le bord de la Loire. Bien qu'il n'eut que 300 cavaliers et 500 piétons, il surprit si habilement les compagnies protestantes, éparses dans les villages, qu'il leur passa sur le corps sans faire de grandes pertes, et qu'il gagna triomphalement le quartier général d'Angers. On appela cette rencontre le combat de la Levée. Martigues en rendit compte au roi dans une relation datée du 17 septembre 1568, qui a été publiée dans les *Archives hist. de la Saintonge et de l'Aunis*, 1877. D'Aubigné présente le combat de la Levée comme une victoire de d'Andelot (*Histoire univ.* édit. de la Société de l'hist. de France, t. III, p. 11). Mais François de la Noue, qui commandait l'arrière garde de l'armée réformée, en fait honneur à Martigues (*Mémoires*, chap. XIX). Arrivé à Angers Martigues put dire au duc de Montpensier qu'il avait défait l'armée de d'Andelot et que, avec des renforts, il serait possible de l'empêcher de se reformer et de passer la Loire (Lettre du duc de Montpensier au roi du 15 septembre 1568; f. fr., vol. 15.548, f. 48).

versaire liées et son courage troublé, tellement que nous pouvons dire :

> On a pillé comme endormis
> Les cœurs tant braves et hautains;
> Les preux et vaillants ennemis
> N'ont jamais sceu trouver leurs mains[1].

Car Monluc, trois ou quatre jours avant mon partement de Nérac, sçachant que quelques gens s'assembloyent au port de Tonnins pour garder le passage à ceux de la Guyenne, qu'il failloit qu'ils passassent la plus grand' part, avoit-il pas mandé que, s'ils ne se despartoyent, il les iroit hacher en pièces[2]; pareillement que, si ceux de la

---

[1]. — Ces vers sont empruntés à la traduction du psaume LXXVI qui, dans la version protestante, porte pour épigraphe ce commentaire de Théodore de Bèze : « C'est une action de grâces de ce que Dieu « a défendu et sauvé son Eglise, et surtout de ce « qu'il a déployé sa puissance admirable contre des « ennemis si robustes et si bien équippés. » (Les psaumes mis en rime françoise par Cl. Marot et Théodore de Bèze. Lyon, 1563).

[2]. — Blaise de Monluc avait chargé son fils, le chevalier de Monluc, de faire sa jonction avec Louis de Madaillan pour empêcher le passage de la Garonne. « Son partement (celui de la reine de Navarre) feust « si brief, dit-il dans ses Commentaires, qu'il s'en « failleust quatre heures que le chevalier, mon fils, « ne se peult joindre avec Monsieur de Madaillan, à « cause du passage de la rivière d'Aiguillon, où il n'y « avoit que deux petitz bateaux. Et comme noz gens « arrivarent à Eymet, il n'y avoit que trois ou quatre « heures qu'elle estoit partie en haste droit à Ber-« gerac. » (Commentaires, t. III, p. 175).

conté d'Armaignac s'assembloyent, et autres de la duché d'Albert, ils n'en eschapperoit pas un. Et de vray, selon ce qu'on pouvoit juger de l'œil de la chair, il estoit aisé à doubter de ce que nous avons veu : car, comme j'ay dict, le dit Monluc avoit donné un tel ordre en la Guyenne, mesme du costé d'Agen, Lectore et Condom, qu'il n'y avoit passage de rivière, ne pont, qui ne fust saisi et gardé par luy[1]. Au reste, il avoit environ seize compagnies d'hommes d'armes toutes averties et prestes à marcher à un sifflet ; son infanterie de mesme, ayant dressé trente commissions nouvelles outre les villes ; et tout cela à dix lieues à la ronde près de luy[2]. Qui eust donc peu juger que les pauvres fidèles se fussent peu ramasser ? car, en ces quartiers-là, ils sont si entrelardez de

1. — Les instructions du roi à Blaise de Monluc portant commission de lever gens de guerre, rassembler les gentilshommes et les compagnies, etc., datées du 4 septembre 1568, sont conservées en copie du temps aux Archives nationales K. 1527, n° 10 et 11, dans la correspondance de l'ambassadeur d'Espagne, ce qui prouve qu'elles avaient été communiquées à Philippe II.

2. — Monluc, ni dans ses *Commentaires* ni dans ses lettres, ne parle de ses armements. Les détails donnés par la reine de Navarre n'en sont pas moins vraisemblables, car, même après la paix de Longjumeau, il n'avait cessé de croire à la prochaine reprise de la guerre civile et de s'y préparer (*Commentaires*, t. III, p. 161, 167, 169 et suiv. ; *Lettres*, t. v, p. 112, 116, 120, 121, 123, etc.).

Papistes que l'un ne sçauroit partir de chez luy que l'autre ne le sçache. Et qui eust encores moins creu que mon fils et moy nous fussions sauvez au petit pas et desmelez du milieu de toutes ces forces si présentes? Confessons tous, autant les uns que les autres, que ces moyens estoyent incogneuz aux hommes.

Toutesfois cela n'empescha mon dict fils et moy de partir[1], nous asseurans que ce bon Dieu, sous la conduicte duquel nous nous mettions, sçavoit bien comment il nous debvoit mener et par laquelle voye pour sa gloire. Le vendredy, troisiesme de septembre 1568, j'eu nouvelles[2] que Monsieur le Prince mon-beau frère, comme je l'ay plus amplement escrit, estoit parti de chez luy en mat ras desempenné[3], et de la route qu'il tenoit et du peu de forces qu'il avoit; lesquelles encore s'estoyent ramassées avec luy en

---

1. — Monluc dit dans les *Commentaires* (t. III, p. 171) que ses espions l'avertirent que la reine de Navarre était partie de Pau pour aller présider les Etats du comté de Foix, mais qu'elle s'arrêta à Vic Bigorre et que de là elle se rendit à Nérac.

2 — Cette nouvelle fut apportée à Jeanne d'Albret par le s. de Briquemault, d'après une lettre de Jeanne d'Albret au s. de la Force, en date du 5 septembre 1568.

3. — *Mat ras désempenné*, mat de vaisseau sans voile, au figuré *sans préparatifs, sans bagage et sans armes.*

passant chemin. Lors j'envoyay un de mes gens vers Monluc le samedy ensuivant, et l'averti de la venue de mon dict beau-frère, et du tort qui luy avoit esté faict, luy en mandant l'histoire tout au long comme elle estoit[1]. Le dimanche, cinquième du moys, nous célébrames la Sainte Cene au dict Nérac, implorans l'aide de ce bon Dieu par prières publiques et particulières[2]. Le lundy, nous partismes du dict Nérac seulement avec cinquante gentilshommes de nos serviteurs, domestiques et subjects, qui estoyent avec nous, et allasmes coucher à Castelgeloux[3], l'une de mes villes et principales maisons. J'en adverty Monluc[4], lequel me manda qu'il

---

1. — Monluc, dans ses *Commentaires*, parle de deux messages de la reine de Navarre, l'un à lui adressé après l'arrivée de la princesse à Nérac, l'autre au moment de son départ (t. III, p. 172 et 174).

2. — Monluc dit que la reine de Navarre partit de Nérac le dimanche, 5 septembre 1568, mais il se trompe *(Commentaires, t. III, p. 174)*.

3. — Une pièce conservée aux Archives d'Agen (BB.1) donne à penser que la fuite de Jeanne d'Albret avait été préméditée. Cette pièce est la délibération de la jurade de Casteljaloux du 17 août 1568, qui constate que le capitaine Bacoue, agissant au nom de la reine de Navarre, a enlevé aux consuls de la ville les clefs des portes et du chateau, que ceux-ci devaient garder en leurs mains de par un mandement de Blaise de Monluc.

4. — Monluc allait faire partir sa femme, François de Tilladet, s. de Saint Orens, et « ses enfans, pour « courir la bague et donner passe-temps à Mon- « sieur le Prince, » quand il reçut la visite d'un

alloit à Villeneuve d'Agen assembler les capitaines pour adviser aux affaires de la Guyenne.

Voilà comme je suis partie à sa veue[1] et et à son sceu de trois lieues de luy. Je séjournay le septième jour[2] au dict Castelgeloux, parce que ma nièce, Mademoiselle de Nevers[3], se trouvoit lasse, n'estant encores bien fortifiée de la petite vérole qu'elle avoit eue à Nérac. Et luy reprint là la fièvre ; qui fut cause que je la renvoyay à Nérac avec une partie de mes filles et femmes[4].

---

controleur de la reine de Navarre, chargé de lui annoncer le départ de la princesse pour Casteljaloux (*Commentaires*, t. III, p. 174).

1. — La reine de Navarre, dit Olhagaray, passa la Garonne « à trois doits du nés de Monluc » (Olhagaray, p. 575).

2. — *Le septième jour*, c'est à dire le 7 septembre.

3. — Marie de Clèves, troisième fille de François de Clèves, duc du Nevers et de Marguerite de Bourbon, propre sœur d'Antoine de Bourbon, roi de Navarre, était née en 1555. Après avoir perdu sa mère en 1559 (et non en 1589, comme le dit le Père Anselme) Marie de Clèves avait été confiée aux soins de Jeanne d'Albret. Depuis cette date elle était élevée à la cour de Pau (Documents publiés par M. Louis Paris dans le *Cabinet historique*, 1873, p. 1 et suiv.). Elle épousa plus tard Henri de Bourbon, prince de Condé.

4. — Marie de Clèves fut prise par Monluc et conduite à Lectoure auprès de la dame de Monluc. « Elle pleura au commencement, écrit Monluc au « roi, mais à présent elle s'est assurée et se porte « bien. » (Lettre du 31 oct. 1568 ; *Lettres*, t. v, p. 131). Le roi et la reine mère commandèrent à Monluc, le 23 janvier 1569, de la remettre aux mains

Et parti le lendemain mercredy huictiesme, et m'en allay coucher à Tonnins; où je séjournay le jeudy et vendredy[1], que le sieur de la Motte Fenelon arriva de par leurs Majestez vers moy; qui m'apporta de leurs lettres, où ils me mandoyent que mon beau-frère estoit prisonnier, et que Monsieur l'Admiral le retenoit, se plaignans qu'ils avoyent levé les armes contre leurs dictes Majestez, et me recommandant leur service[2]. Par là je cogneu qu'ils estoyent

---

du s. des Marets, gentilhomme de Ludovic de Gonzague, duc de Nevers, son beau-frère, chargé de la conduire à la cour (f. fr., vol. 3239, f. 117 et 118). Plus tard, vers le temps de la paix de Saint Germain (8 aout 1570), Marie de Clèves fut rendue à la reine de Navarre. Le prince de Condé la vit à la Rochelle et en devint très épris (*Lettres de Jehanne d'Albret*, édit. Rochambeau, p. 337). Il l'épousa à Blandy, en Picardie, le 10 aout 1572. Elle mourut en couches le 30 oct. 1574. Elle avait été la maîtresse du duc d'Anjou.

1. — La station de Jeanne d'Albret à Tonneins pendant deux jours entiers, à cinq lieues de Villeneuve d'Agen, où Blaise de Monluc complétait ses armements, semble une imprudence. On verra plus loin que cet arrêt était un arrêt forcé.

2. — Les lettres du roi et de la reine mère à la reine de Navarre sont perdues, mais celle du roi au prince de Navarre a été publiée par M. Communay dans *Les Huguenots dans le Béarn et la Navarre*, p. 24. Elle est datée du 31 aout 1568 et du château de la Roquette, près Paris. Le roi, après avoir donné de ses nouvelles au prince, y mentionne négligemment la prise des armes des réformés et dit qu'il espère bien que le prince de Béarn y restera étranger.

imbuz des menteries du cardinal de L'Orraine et de ses adhérans. Le dict sieur de la Motte me voyant si avancée en chemin, chose qui l'estonna fort, ne me dict pas à mon avis tout ce qu'il avoit à me dire. Car, ou pour la peur qu'il avoit ou convaincu en sa conscience, il ne me pouvoit respondre aux raisons que je luy proposoy qui m'avoyent amenée, tellement que, comme je l'ay dict en ma lettre à la Royne, il m'advoua que mon intention estoit bonne, et ne m'osoit par conséquent blasmer celle de Monsieur le Prince mon beau-frère, ne des Seigneurs qui estoyent avec luy. Mais il eust bien voulu me persuader qu'ils eussent esté les bien venus à la cour et que, en laissant les armes, ils eussent obtenu tout ce qu'ils eussent voulu demander. Mais telles promesses si souvent faictes et autant de fois faussées me servoyent à rejecter ces amusements. Je luy promy bien d'entendre à négocier une bonne paix, mais les choses estoyent si aigries d'un costé et d'autre, et une partie, qui estoit le cardinal de Lorraine, si invétérée en sa malice et meschanceté, que ceste bonne volonté m'est encores demeurée preste toujours à l'employer pour mon debvoir quand Dieu par sa bonté en présentera quelque moyen. Le dict la

Motte, ce croy-je, n'a pas celé à leurs Majestez les discours que nous eusmes, par lesquels je m'esforcay de luy faire entendre la sincérité de nos affections à leurs services, nos doléances, la ruine qu'apportoyent ces troubles en la France, les occasions qui les y avoyent faict naistre et qui les nourrissoyent, et les moyens pour les arracher et faire cesser. Il me respondoit toujours qu'il trouvoit tous mes propos bons et véritables, m'asseurant les faire entendre au Roy et à la Royne; ce que je pense qu'il a faict [1].

Voyez donc comme ceux qui ont circonvenu leurs Majestez ont usé d'une malpropre ruse, quand ils leur ont faict despescher une patente à la cour de parlement de Toulouse pour saisir nos biens de la Guyenne [2]; et une commission au baron de

---

1. — La Mothe Fénelon avait pour mission de presser la reine de Navarre de se rendre à la cour et surtout de l'empêcher de se joindre à l'armée du prince de Condé. Bordenave confirme le récit de Jeanne d'Albret (p. 155).

2. — Le roi, par lettres du 14 octobre 1568 et du 19 novembre suivant, confisqua tous les biens de la reine de Navarre. Nanti de cette commission, le parlement de Toulouse dépêcha un de ses conseillers, Pierre Ferrandier, pour se saisir du comté de Rodez et du Rouergue (*Hist. du Languedoc*, t. v, p. 290), et un autre conseiller, Christophe Richard, avec une mission analogue en Guyenne. Olhagaray discute sérieusement la légalité juridique de ces deux saisies (*Hist. de Foix et Navarre*, p. 580). Le procès verbal dressé par Pierre

Luxe [1] pour mes pays souverains [2], soubs couverture de charité, et de nous vouloir conserver les dicts biens, parce, disent-ils, que nous sommes, mon fils et moy, prisonniers [3]. Le dict la Motte a peu assez

Ferrandier, en date du 16 décembre 1568, est conservé dans la coll. Doat, vol. 238, f. 102. Le 16 octobre 1568, le roi adressa les mêmes ordres au parlement de Bordeaux. Une copie de ses lettres patentes est conservée aux Archives nationales (K. 1511) dans la correspondance de l'ambassadeur d'Espagne. Cette copie avait été communiquée à Philippe II par un de ses nombreux agents. Dans le ressort du parlement de Bordeaux les biens de la reine de Navarre furent saisis, mais ne furent pas vendus (Registres secrets du parlement de Bordeaux, 23 décembre 1568).

1. — Charles de Luxe, comte souverain de Luxe en Basse Navarre, lieutenant pour le roi en la vicomté de Soule et gouverneur du château de Mauléon, issu des anciens princes de Navarre, catholique zélé.

2. — Le 18 octobre 1568, le roi adressa au s. de Luxe des lettres de commission pour « saisir et « emparer non seulement les biens qu'elle (la reine « de Navarre) tient en notre dition, mais encore les « autres qu'elle tient en souveraineté. » Cette pièce est imprimée par Olhagaray, *Histoire de Foix et Navarre*, p. 578. La commission fut plus tard révoquée par le duc d'Anjou et confiée, le 4 mars 1569, à Antoine de Lomagne, s. de Terride (ibid., p. 587).

3. — La commission du roi au s. de Luxe porte ces propres mots : « Nous avons esté puis naguières « advertis que nos très chers et très amés tante et « le prince de Navarre, son fils, nostre très cher et « très amé frère, sont à présent avec ceux de nos « subjects qui se sont eslevés et assemblés en armes « contre nous et nostre authorité. Mais, comme les « biens et honneurs qu'ils ont receu de ceste cou-« ronne sont en nombre infiny, aussy ne pouvons-« nous croire qu'ils y soient allés de bonne volonté. » (Olhagaray, p. 578)

tesmoigner le contraire s'il a voulu, et mesme s'il s'est souvenu de la response que luy fit mon fils à la première harangue qu'il luy dist à son arrivée, quand il luy demanda pourquoy il estoit party de chez nous et s'alloit mesler en ces troubles? Mon dict fils luy respondit, avec la promptitude de l'aage et du pays, que c'estoit pour espargner le drap du deuil : parce que, si l'on faisoit mourir les princes du sang l'un après l'autre, le dernier porteroit le deuil du premier ; que, mourans tous ensemble, ils n'en auroyent point de besoin[1], et que c'estoit la raison pour quoy il alloit trouver Monsieur son oncle pour vivre et mourir avec luy.

Je croy que le dict la Motte luy fist ceste harangue à l'improviste pour le cuider si sot et si jeune qu'il fust là sans scavoir pourquoy. Il luy donna bien à congnoistre le lendemain qu'il n'ignoroit point qui estoit le tison et le flambeau qui embrasoit et allumoit la France. Car, oyant plaindre le dict la Motte de ce feu, il luy dist qu'il entreprendroit de l'es-

---

1. — Pour apprécier l'esprit de la réponse du prince de Béarn il faut savoir qu'il était d'usage à la cour, lorsque le roi perdait un de ses proches, qu'il fournit de ses deniers les vêtements de deuil à tous ses officiers, princes, seigneurs, courtisans, etc. Voyez le *Mariage de Jeanne d'Albret*, p. 224 et suiv. et les notes.

teindre avec un seau d'eau. La Motte, ne l'entendant point, luy demanda comment. Il respondit : « En le faissant boire au cardinal « de Lorraine jusques à crever. » Je n'ay escrit icy deux contes de mon fils pour le vanter, ni me rendre historiographe de ses actes, mais pour faire congnoistre à un chascun qu'il n'est venu à ceste cause comme enfant mené par une mère; mais que sa volonté particulière et naturelle a esté joincte à la mienne par la congnoissance qu'il a eue du mérite de la dicte cause, à scavoir le service de Dieu, du Roy, et l'amitié des siens.

J'avoy faict séjour au dict Tonnins le vendredy pour y attendre mon sénéschal d'Armaignac, Fonterailles[1], conduisant la plus grand part de la noblesse à cheval, et son frère, le sieur de Mont-Amat[2], qui menoit l'infanterie. C'estoit donner tout le loisir du monde à Monluc de me venir empescher; ce

---

1. — Michel d'Astarac, baron de Fontarailles, commandait une cornette de cavalerie (Bordenave, p. 155). Après la Saint Barthélémy, il fit la guerre, au nom du parti réformé, en Armagnac et en Bigorre. Il mourut en 1604.

2. — Bernard d'Astarac, baron de Montamat, frère du précédent, conduisait un régiment de gens de pied (ibid.). Pendant la campagne de Mongonmery, en 1569 et pendant les années suivantes, il ravagea le Béarn et fit la guerre en soudard féroce. Il fut assassiné à la Saint Barthélémy.

qu'il taschoit bien faire, se hastant d'assembler ses forces, qu'il eut prestes à Villeneuve d'Agenois le dimanche douziesme. Je party dudict Tonnins le sabmedy devant[1], où j'avoy eu nouvelles de Monsieur le Prince, mon beau-frère, qui estoit, et Monsieur l'Admiral, à Sainctes. Et m'en allay coucher à la Sauvetat[2], le lendemain à Bergerac; où je trouvay la plus part de la noblesse du Périgort en bonne volonté d'exposer vie et biens pour la cause généralle; de quoy, parce qu'il y en avoit des principaux, le dict la Motte se monstra fort estonné. Mais, entre la Sauvetat et Bergerac, ceux qui estoyent dans le chasteau d'Aymet[3], tirans quelques harquebousades à nos gens de pied et en ayans tué quelques uns, comme ils passoyent devant le dict chasteau, les contraignirent de les assaillir. Et furent prins d'assaut en la présence du dict la Motte[4]; qui, par un

---

1. — Samedi, 11 septembre 1568.
2. — La Sauvetat (Dordogne).
3. — Eymet (Dordogne).
4. — Fonterailles accompagna Jeanne d'Albret jusqu'à Bergerac. Là Armand de Clermont, s. de Piles, prit le commandement du cortège de la reine et le conduisit jusqu'à Mucidan (*Chronique de Jean Tarde*, 1887, p. 243). C'est donc Fonterailles qui prit d'assaut la ville d'Eymet. La prise d'Eymet, qui est le début de la troisième guerre civile, est un fait nouveau.

eschantillon de nos forces, congneut bien que ce n'estoyent gens ramassez, comme on disoit tous les jours à leurs Majestez, mais hommes résoluz et vaillans.

Je retins encores le dict sieur de la Motte au dict Bergerac le lundy, le mardy, et mercredy, que je fey sa despesche[1]; lequel alla passer par Monsieur le Prince, mon beau-frère. Et escrivy par luy à leurs Majestez, à Monsieur, frère du Roy, et à Monsieur le Cardinal, mon beau-frère, les lettres[2] que chacun a peu voir imprimées, et qui, pour me sembler trop succintes pour bien faire entendre à chacun mon intention, m'ont faict faire ce traité icy plus estendu. Le jeudy, sezième, je m'en allay à Mucidan[3], où en chemin je trouvay le sieur de Bricquemault[4], que Monsieur le Prince, mon beau-frère,

---

1. — Aussitôt après avoir rempli sa mission à Bergerac, la Mothe Fénelon fut envoyé en ambassade à Londres pour décider la reine Elisabeth à ne prêter aucun secours aux réformés (*Lettres de Catherine de Médicis*, t. III, p. 190). La lettre de Catherine ne porte pas de date, mais elle ne peut être que du 18 octobre 1568, ainsi que le prouve une lettre de la même princesse au comte de Leicester (*Ibid.*, p. 194).

2. — On trouvera plus loin ces lettres.

3. — Mucidan (Dordogne).

4. — François de Bricquemault, un des conseillers habituels de la reine de Navarre, seigneur protestant, supplicié après le massacre de la Saint Barthélémy, le 24 octobre 1572, comme complice de la prétendue conjuration de Coligny.

m'envoyoit pour commander sous mon dict fils aux troupes que nous menions. Je m'esbahi que ce vaillant capitaine d'Escars[1] ne nous vint voir de plus près; veu qu'il avoit escrit à leurs Majestez, comme m'avoit dict la Motte, qu'il avoit quatre mil gentilshommes à son commandement en Limousin et Périgort pour empescher qu'un seul Huguenot ne bougeast jamais. Mais il vouloit dire, à mon avis, quatre mille pourceaux, que l'on appelle en son village *gentilshommes*, par ce qu'ils sont vestus de soye[2]. Nous passames les passages qu'il avoit entreprins de garder; et en lieu de venir au devant il nous fuyoit[3]. Si est-ce que, par une lettre que luy escrit Monluc, il essayoit bien à luy donner hardiesse. Mais c'estoit chose qu'il n'avoit jamais receue en son cœur; et ne se délibéroit encores de la recevoir.

---

1. — François d'Escars, déjà nommé. Jeanne d'Albret parle de ce capitaine avec d'autant plus d'aigreur qu'il était le promoteur de la conversion du roi de Navarre vers le parti catholique.

2. — Cette plaisanterie est encore répétée en Béarn.

3. — François d'Escars était au contraire convaincu qu'il avait rendu, dans cette occasion, de grands services au roi. Il envoya un messager à la cour pour exposer ses titres de gloire. La reine lui répondit le 28 septembre 1568 et le félicita « de « rompre les malheureux desseins de ceulx qui ont « prins les armes contre le roy... » (*Lettres de Catherine de Médicis*, t. III, p. 188).

Nous allasmes, après avoir séjourné un jour à Mucidan, coucher le samedy et dimanche [1] à Aubeterre [2]; le lundy, le mardy, et le mercredy à Barbezieux [3]; le jeudy à Archiac [4], où je sceu que Monsieur le Prince, mon beau-frère, venoit au devant de nous. Il s'arresta à Coignac parce que les habitants firent un peu les longs à ouvrir les portes. Nous l'allasmes trouver, mon fils et moy, en la campaigne ; où je ne sçauroy dire qui receut plus grande joye, luy de nous voir ou nous de l'avoir trouvé. De ma part il me sembla estre au bout de mon œuvre, laquelle Dieu avoit si bien conduicte par sa saincte grâce que j'en estois venue à fin. Je livray là mon fils entre les mains de Monsieur son oncle, afin que, sous sa conduicte et à l'escole de sa prudence et vaillance, il apprist le mestier auquel Dieu l'a appelé; pour après, quand l'aage et les moyens luy seront donnez, les employer avec sa vie au service de Dieu, de son Roy, et de son sang. C'est donc pour ces trois occasions que je l'ay rendu entre les mains de Monsieur son oncle et envoyé en l'armée chrestienne. Ceux qui ne me

1. — 18 et 19 septembre 1568.
2. — Aubeterre sur Dronne (Charente).
3. — Barbezieux (Charente).
4. — Archiac (Charente Inférieure).

congnoissans que mère et par conséquent femme, ne mon fils que pour enfant, nourri délicatement et doucement avec moy, jugeront qu'à ce départ de luy et moy il y ayt eu, scelon la proximité, le sexe et l'aage, beaucoup de larmes. Mais, afin de faire paroistre à un chascun de quelle affection je l'ay consacré à une si excellente œuvre, et de quelle alaigresse il y est allé, je diray que la joye, qui d'un costé et d'autre rioit en nos yeux, estoit ouverte en nos visages, de telle façon que le contentement de s'abandonner l'un l'autre pour telle occasion surmontoit toutes les difficultez que le sexe et l'aage et le sang y eussent apporté; le recommandant à ce grand Dieu et pour second moyen à Monsieur le Prince, mon beau-frère. Il partit et je suis demeurée à la Rochelle[1] privée du plaisir de mes maisons, mais encore trop heureuse et contente de pâtir pour mon Dieu.

Cependant je prieray ceux qui liront cecy excuser le style d'une femme, qui a estimé le subject de son livre si excellent qu'il n'y a eu besoin de belles paroles pour le farder;

---

1. — La reine de Navarre arriva à la Rochelle le 28 septembre 1568. Barbot, dans son *Histoire de la Rochelle* (t. II, p. 316), raconte la réception solennelle de la princesse aux portes de la ville.

seulement de la vérité, laquelle elle y a si fidèlement observée, qu'au moins, si elle est dicte ignorante et imbécille, elle sera dicte véritable.

POÉSIES

DE

JEANNE D'ALBRET

On est tellement accoutumé à admirer Jeanne d'Albret comme une femme énergique, d'un grand cœur, aux sentiments virils, que l'on oublie les dons poétiques qu'elle tenait de sa mère, Marguerite d'Angoulême, l'auteur des Marguerites de la Marguerite des princesses. Jeanne d'Albret faisait aussi des vers. La plupart de ses poésies sont perdues. Celles qui nous restent accusent un esprit un peu recherché, mais une imagination riche, un sentiment plein de grâce, auquel n'a manqué peut-être que la paix religieuse pour prendre tout son développement. Elevée dans un des châteaux de la cour de France par Nicolas Bourbon, poëte, grammairien et écrivain, Jeanne d'Albret avait été initiée, comme toutes les princesses de la cour des Valois, aux connaissances les plus diverses. Elle avait étudié le grec, le latin, l'espagnol, les belles-lettres et les sciences multiples que la pédagogie du XVIe siècle classait sous le nom de philosophie. De cette éducation sortit une femme d'élite dont les vertus ont fait oublier le mérite littéraire. Malheureusement les mœurs encore barbares du xvi⁰ siècle, le spectacle de la guerre civile, le goût de la violence que les fils de la Renaissance avaient reçu de leurs pères du moyen-âge, aigrirent cette âme si bien douée pour la poésie; et, lorsque le fanatisme calviniste s'empara d'elle, la mère de Henri IV se transforma en sectaire, comme ces fleurs dont parle Chateaubriand, qui, merveilleusement embaumées sur les rivages de l'Amérique, prennent une odeur âcre sous des climats plus durs. Les poésies qui nous restent de la reine de Navarre n'en sont que plus intéressantes à étudier. Elles révèlent ce qu'aurait pu devenir la princesse si la paix et le bonheur eussent toujours accompagné sa vie.

La plupart des vers de Jeanne d'Albret ont été publiés dans le recueil de Joachim du Bellay (Œuvres françoises de Joachim du Bellay, gentilhomme angevin, *Paris, Fédéric Morel, 1573, in-8°, f. 156, v° et suiv.*). Les premiers en date sont des réponses à des épîtres louangeuses que Joachim du Bellay lui avait adressées pendant un séjour à la cour. Elles appartiennent au règne de Henri II, à cette époque heureuse, antérieure aux guerres civiles, où Jeanne d'Albret, qui, dit Brantome, « aimoit bien autant une dance qu'un sermon, » ornait par sa grâce et sa beauté la cour du plus magnifique monarque de la Renaissance, pendant que son mari, Antoine de Bourbon, se couvrait de gloire à la guerre. C'était l'âge d'or de la dynastie des Valois. Les beaux arts, la poésie s'unissent pour illustrer les divinités de cette cour et Jeanne d'Albret figure au premier rang de l'Olympe.

Le talent poétique de Jeanne d'Albret a été loué par les nombreux critiques qui se sont occupés de notre ancienne littérature. Pierre Matthieu, historien, philosophe et poète lui-même, juge ainsi la reine de Navarre : « ..... princesse de « grand esprit, ingénieuse aux belles inventions, « aymoit la poésie, faisoit de bons vers, de grande « mémoire, récitoit tous les psaumes à livre fermé « et comptoit certainement le nombre des versets. » (Histoire de France, in-fol., t. I, p. 339.) *Dreux du Radier* (Récréations historiques, t. I, p. 283), *le baron de Villenfagne* (Mélanges de littérature et d'histoire, Liège, 1688, in-8°, p. 4), *Lacroix du Maine* (Bibliothèque française, 1772, t. IV, p. 531) ont étudié ses poésies avec plus ou moins de critique, mais sans douter de leur origine. Joachim du Bellay étant mort en 1560 et les vers n'ayant vu le jour que en 1573, ils n'ont même pas subi la retouche du poète. D'ailleurs leurs qualités, le tour heureux, la délicatesse (voyez notamment le quatrième sonnet), et leurs défauts, l'affectation, la subtilité du style portent avec eux leur empreinte. Nous avons remarqué dans la préface des Mémoires la puissance de la pensée et *l'énergie de l'expression, malheureusement gâtées par trop de recherche. Les vers de la reine de Navarre méritent les mêmes critiques. Encore les méritent-ils à un degré supérieur parce qu'ils ont été ciselés avec plus de soin que sa prose.*

RESPONSE DE LA ROYNE

AUX LOUANGES DE DU BELLAY

I

Que mériter on ne puisse l'honneur
Qu'avez escript, je n'en suis ignorante :
Et si ne suis pour cela moins contente,
Que ce n'est moy à qui appartient l'heur.

Je cognois bien le pris et la valeur
De ma louange, et cela ne me tente
D'en croire plus que ce qui se présente,
Et n'en sera de gloire enflé mon cœur.

Mais qu'un Bellay ait daigné de l'escrire,
Honte je n'ay à vous et chacun dire
Que je me tiens plus contente du tiers,

Plus satisfaite, et encor glorieuse,
Sans mériter me trouver si heureuse,
Qu'on puisse trouver mon nom en voz papiers.

II

De leurs grands faicts les rares anciens
Sont maintenant contents et glorieux,
Ayant trouvé poètes curieux
Les faire vivre, et pour tels je les tiens.

Mais j'ose dire, et cela je maintiens,
Qu'encor'ils ont un regret ennuieux,
Dont ils seront sur moy-mesme envieux,
En gémissant aux Champs Elyséens :

C'est qu'ils voudroient, pour certain je le sçay,
Revivre ici et avoir un Bellay,
Ou qu'un Bellay de leur temps eust été.

Car ce qui n'est sçavez si dextrement
Feindre et parer, que trop plus aisément
Le bien du bien seroit par vous chanté.

III

Le papier gros, et l'encre trop espesse,
La plume lourde, et la main bien pesante,
Stile qui point l'oreille ne contente,
Faible argument, et mots pleins de rudesse,

Monstrent assez mon ignorance expresse,
Et si n'en suis moins hardie et ardente
Mes vers semer, si subjet se présente.
Et qui pis est, en cela je m'adresse

A vous, qui pour plus aigres les gouster,
En les mestant avecques des meilleurs,
Faistes les miens et vostres escouter.

Telle se voit différence aux couleurs :
Le blanc au gris sçait bien son lustre oster.
C'est l'heur de vous, et ce sont mes malheurs.

IV

Le temps, les ans, d'armes me serviront
Pour pouvoir vaincre une jeune ignorance,
Et dessues moy à moy-mesme puissance
A l'advenir peult-être donneront.

Mais quand cent ans sur mon chef doubleront,
Si le hault ciel un tel aage m'advance,
Gloire j'auray d'heureuse récompense,
Si puis attaindre à celles qui seront

Par leur chef-d'œuvre en los toujours vivantes.
Mais tel cuyder seroit trop plein d'audace ;
Bien suffira si, près leurs excellentes

Vertus, je puis trouver petite place :
Encor je sens mes forces languissantes
Pour espérer du ciel tel heur et grâce.

Le recueil de poésies de Joachim du Bellay nous a aussi conservé une chanson de la reine de Navarre en quatre couplets, qui se rapporte aux amours du prince de Condé et d'Isabelle de Limeuil. La chanson (élégie serait plus juste) a dû être composée au milieu de l'été de 1564, pendant la tournée du roi en France, vers le temps où la belle Limeuil accoucha en pleine cour à Dijon d'un fils du prince de Condé. Jeanne venait d'arriver auprès du roi à Mâcon[1]. La mésaventure de Mademoiselle de Limeuil datait à peine de la veille[2]. L'insuffisance des logis n'avait permis aux dames de cacher aucun mystère et le rang de la jeune fille, qui appartenait à la maison de Turenne et qui avait des liens de parenté avec la reine-mère, donnait plus d'éclat à « l'accident. » Catherine de Médicis, blessée dans son amour-propre, obligée de baisser la tête devant les accusations des puritains de la Réforme, se para d'austérité. Isabelle fut emprisonnée sous bonne garde dans un couvent d'Auxonne,

---

1. — Voyez les Mémoires, p. 31, note 2.
2. — Le roi avait fait son entrée à Dijon le 22 mai 1564. Isabelle de Limeuil accoucha très peu de jours après et Jeanne d'Albret arriva à la cour le 1ᵉʳ juin.

interrogée en accusée, traitée en criminelle d'état. Le zèle des officiers du roi surenchérit. Comme il fallait un prétexte à l'instruction judiciaire, ils eurent la sottise de greffer un procès de haute trahison sur cette aventure galante. Isabelle se plaignait souvent en termes amers et se moquait surtout du prince de la Roche-sur-Yon, galant suranné, goutteux et sourd, dont la femme était chargée de la surveillance des demoiselles d'honneur. On abusa de ses paroles et, sur la foi d'un jeune étourdi de la cour, Charles de la Mark, comte de Maulevrier, ancien adorateur évincé, la belle amoureuse fut accusée d'avoir voulu empoisonner un prince du sang. Jean de Morvilliers, évêque d'Orléans, et Sébastien de l'Aubespine, évêque de Limoges, le premier ancien chancelier, le second ancien ambassadeur en Espagne, furent chargés de poursuivre les interrogatoires. L'enquête dura pendant trois mois d'Auxonne à Mâcon, de Mâcon à Lyon, de Lyon à Vienne et n'aboutit à rien. Mais la rumeur publique eut le temps de s'enfler. Le bruit se répandit que la jeune fille, de complicité avec le prince de Condé et avec Florimond Robertet de Fresne, secrétaire d'état, avait comploté l'empoisonnement du prince de la Roche-sur-Yon et du connétable de Montmorency pour mettre l'épée de connétable entre les mains de son amant[1].

1. — Le duc d'Aumale a raconté ces faits d'après

Le prince de Condé fut très empressé pour sa victime pendant cette longue instruction. Billets galants et messages amoureux se succédèrent[1]. *Au dehors il annonçait l'intention de la délivrer par la force et traduisait ses sentiments par de telles fanfaronnades que les officiers de justice, chargés de conduire l'accusée de ville en ville, tremblaient devant lui. Mais, dit un pamphlet du temps, l'été chasse le printemps. La jeune Limeuil fut remplacée dans le cœur de Condé par Marguerite de Lustrac, veuve du maréchal Saint-André, dame très galante mais un peu mûre. La maréchale fit don au prince du château de Valery. Il n'en fallait pas davantage pour effacer le souvenir de la tendre Isabelle. Quand elle fut remise en liberté, le prince se souvint fort à propos ou feignit de se souvenir de l'assiduité de Florimond Robertet de Fresne auprès de sa maîtresse. Il se sépara d'elle et scella la séparation en lui réclamant les bijoux qu'il lui avait donnés.*
« *Elle luy renvoya le tout du plus beau et du plus* « *exquis, dit Brantome, où estoit un beau mirouer* « *avec la peinture dud. prince. Mais avant, pour*

---

les procès verbaux de l'instruction conservés aux archives du château de Villebon (*Hist des princes de Condé*, t. 1, p. 273 et suiv.). Ces procès verbaux eux-mêmes et le dossier tout entier ont été plus tard publiés par le même historien (*Information contre Isabelle de Limeuil*, petit in-4° sans date).

1. — Le duc d'Aumale a publié plusieurs de ces billets, *ibid.*, p. 542.

« le mieux décorer, elle prit une plume et de l'ancre,
« et luy ficha dedans de grandes cornes au beau
« milant du front[1]. »

C'est au plus fort de la rivalité de l'ingénue et de la grande coquette que Jeanne d'Albret écrivit les vers qu'on va lire. En femme généreuse, aguerrie contre les plus criantes injustices, elle réserve le beau rôle à Isabelle de Limeuil. Malheureusement la pièce est écrite avec tant de raffinement que le sens échappe quelquefois. Nous essaierons de l'expliquer dans les notes. Le lecteur se rappellera que, à la date des couches d'Isabelle, la princesse de Condé, Éléonore de Roye, était malade (elle mourut le 23 juillet 1564); d'où viennent de fréquentes allusions au futur second mariage de ce prince.

---

1. — Brantome, édit. de la Soc. de l'hist. de France, t. IX, p. 510. Cependant le prince de Condé la fit enlever l'année suivante à Tournon et vécut quelque temps avec elle.

CHANSON SUR LES AMOURS DE CONDÉ
ET DE MADEMOISELLE DE LIMEUIL.[1]

Amour contre amour querelle[2].
Si par double effort contraire
Le mien l'on veut me soustraire,
A l'honneur d'honneur j'appelle[3].

Sotte amour et ignorance
Aveuglent une cervelle
Et font qu'un songe on revele
Au lieu de vraie apparence[4].

Celle qui fait toute sa gloire
D'aimer aussi et d'estre aimée,

---

1. — Ces vers se trouvent dans *Les œuvres françoises de Joachim du Bellay*, 1573, f. 156, v°. M. Leroux de Lincy (*Recueil de chants historiques français*, t. II, p. 177 et 207) les publie à nouveau et y ajoute des conjectures exactes sur la date.

2. — Mademoiselle de Limeuil est censée parler.

3. — Il faut traduire ce phébus : « Mon amour est en rivalité avec celui de la maréchale. Si, par double effort, on veut effacer mon amour du cœur du prince, j'en appelle à son honneur au nom de mon honneur.»

4. — Traduction : « La sottise et l'ignorance de la maréchale l'aveuglent à ce point qu'elle prend pour des réalités ce qui n'est qu'un rêve (probablement l'espérance de devenir princesse de Condé). »

Feroit feu après fumée
S'elle[1] me le faisait croire[2].

Mais le saint où elle voue
A mon offrande reçue
Et ma fermeté connue,
Qui fait qu'ailleurs ne se loue[3].

1. — *S'elle*, si elle.
2. — L'explication de cette strophe est plus compliquée qu'il ne paraît d'abord. Dreux du Rabier (*Récréations historiques*, t. 1, p. 283) croit qu'il s'agit ici de la maréchale Saint André et lui applique les deux premiers vers du couplet, les plus simples peut être et les plus jolis de toute la pièce. Quant à nous, nous estimons que le poëte a voulu désigner Isabelle, et voici la traduction que nous proposons : « Moi qui fais consister toute ma gloire à aimer et à être aimée, je ferais feu après fumée (c. à. d. j'atteindrais un résultat définitif, je deviendrais princesse de Condé) si la maréchale avait raison de croire qu'elle put devenir princesse. »
3. — Traduction : « Le saint où elle adresse ses vœux (le prince de Condé) a reçu mon offrande et connu ma valeur, ce qui fait qu'il n'acceptera pas d'autres vœux. »

Le 21 mai 1566, Jeanne d'Albret visita l'imprimerie de Henri Estienne. Le grand artiste reçut comme elle le méritait sa noble visiteuse et, pendant qu'elle considérait curieusement le fonctionnement des presses, lui proposa de composer sous ses yeux une pièce à son choix. Aussitôt la reine de Navarre improvisa le quatrain suivant :

Art singulier, d'icy aux derniers ans
Représentez aux enfans de ma race
Que j'ay suivy des craignans-Dieu la trace,
Affin qu'ilz soient les mesmes pas suivans.

Pendant que les ouvriers alignaient les lettres et les mots, Henri Estienne écrivait le sonnet suivant que l'on composa à la suite du quatrain :

Princesse que le ciel de grace favorise,
A qui les craignans-Dieu souhaitent tout
[bonheur,
A qui les grands esprits ont donné tout
[honneur,
Pour avoir doctement la science comprise.

S'il est vrai que du temps la plus brave entre-
[prise
Au devant des vertus abaisse sa grandeur,
S'il est vrai que les ans n'offusquent la
[splendeur
Qui fait luire partout les enfans de l'église,

Le ciel, les craignans-Dieu et les hommes
[scavans
Me feront raconter aux peuples survivans
Vos graces et votre heur et louange notoire.

Et puisque vos vertus ne peuvent prendre fin,
Par vous je demeurray vivante, à ceste fin
Qu'aux peuples à venir j'en porte la mémoire.

Les deux petits poèmes, qui furent le résultat de celte joute littéraire, furent imprimés en placards et probablement distribués aux seigneurs de la suite de la princesse. Ces placards sont fort rares. Nous n'en avons vu qu'un exemplaire, actuellement conservé dans un recueil factice de la collection Dupuy (vol. 843. f. 143). Le Laboureur les a reproduits, sans en indiquer la provenance[1], dans les Mémoires de Castelnau, *1731, t.* I, *p. 858.*

---

[1]. — De nos jours un savant critique, M. Tamizey de Larroque, a posé la question de l'authenticité de ces vers (Revue de Gascogne, avril 1874, p. 190). Nous lui signalons le placard de Henri Estienne comme un certificat d'authenticité indiscutable.

La pièce suivante appartient à la même époque. Les discussions théologiques étaient de mode à la cour. Le duc de Montpensier avait réuni à l'hôtel de Nevers quatre docteurs « des plus huppés », deux Sorbonnistes, Simon Vigor, depuis archevêque de Narbonne, Claude de Sainctes, plus tard évêque d'Evreux, deux ministres, Jean de Lespine et Hugues Sureau du Rosier, et les avait mis aux prises pour convertir son gendre et sa fille, le duc et la duchesse de Bouillon. Après avoir échangé les plus amères invectives de la scolastique, les docteurs des deux partis se séparèrent, et le duc et la duchesse de Bouillon restèrent calvinistes [1]. *Jeanne d'Albret présida aussi une conférence entre Charles de Peyrusse d'Escars, évêque de Poitiers, prélat dévoué à la maison de Bourbon* [2], *et Jean de Salignac, docteur en théologie, autrefois catholique et représentant de la Sorbonne au colloque de Poissy, puis enfin calviniste.*

1. — On imprima peu après les procès-verbaux de cette conférence *Actes de la dispute et conférence tenue à Paris en 1566*, Paris, in-8°, 1568.
2. — La reine de Navarre était alors en relation d'affaires avec ce prélat et venait de lui vendre, le 3 juin 1566, la seigneurie de Pressac (Vienne) et quelques autres terres pour la somme de 50 mille livres (acte du 3 juin 1566; coll. Doat, vol. 238, f. 80). Il est probable que cette vente n'avait pas été arrêtée sans de nombreuses entrevues.

Le débat n'eut d'autre avantage que de donner à la reine de Navarre l'occasion d'écrire une piquante épigramme, que nous avons trouvée à la Bibliothèque nationale dans le recueil de Rasse des Nœuds (f. fr., vol. 22560, f. 227, v°). Le copiste a daté la pièce (1566, septembre) et ajouté ces initiales qui révèlent le nom de l'auteur J. D'AL. R. D. N. (Jeanne d'Albret reine de Navarre).

D'UNE DISPUTE TOUCHANT LA MESSE FAITTE EN LA CHAMBRE DE LA ROYNE DE NAVARRE, A PARIS, ENTRE MESS. CH. D'ESCARS, ÉVESQUE DE POITTIERS, ET DE SALIGNAC, THÉOLOGIEN

Un bien docte docteur l'autre jour disputoit
Contre un prélat enflé de sa vaine science;
L'évesque soutenant de toute sa puissance
La messe, et le docteur ces coups-là rabaissoit.
L'un et l'autre son fait vivement débattoit;
Mais l'évesque à la fin, parolle et contenance,
Perdit tout à la foys. Dont d'une impatience
Un de ses serviteurs, voyant que presque estoit[1],
Cuydant bien soustenir de son maistre l'hon-
[neur,
Honte à sa honte joint en disant : Monseigneur,
Il lui fauldroit bailler un scavant homme en
[teste.
Mais que ne disoit-il : Mon maistre, le scavoir
De ce sage docteur vous fait ignorant veoir;
Ou, sans tant langager, vous estes une beste.

1566, septembre   J. D'AL. R. D. N.

---

1. — Une traduction est souvent nécessaire dans les œuvres poétiques de la reine de Navarre. Voici comment nous interprétons cette phrase : « Un des serviteurs de l'évêque voyant son maître battu et réduit au silence, était presque impatienté par sa défaite, et, croyant le bien soutenir, ajoute à la honte de sa défaite en lui disant... »

PIÈCES JUSTIFICATIVES

I

Le manifeste des gentilshommes de la Basse Navarre, que nous publions cy-dessous pour la première fois, est un document très important pour l'histoire de la guerre religieuse en Béarn. Jeanne d'Albret expose elle-même dans quelles conditions commença la révolte de la Basse Navarre (voyez cy-dessus, p. 50). Poussés par l'exemple et les excitations du dehors, aigris par l'établissement de la Réforme dans leurs villages, les Basques catholiques avaient pris les armes à la fin de 1567. Le mouvement fut rapidement apaisé par le jeune prince de Béarn. Il aurait duré moins encore si le roi de France, dans l'espoir d'y trouver un jour une diversion utile à ses desseins, n'avait pas fomenté et encouragé la sédition.

Au commencement de 1568, la reine de Navarre réunit les Etats du Béarn à Saint-Palais et édicta, le 28 février, une ordonnance d'amnistie, dont les chefs de la révolte, qui n'avaient point fait leur soumission, furent exceptés. Ceux-ci protestèrent et lancèrent un manifeste menaçant. C'est ce manifeste qu'on va lire. Il reproduit en les amplifiant les griefs du parti catholique contre la reine de Navarre. On verra à quoi se réduisent ces griefs; combien peu nombreux, peu importants et peu fondés. Aussi le considérons-nous comme un témoignage en faveur de Jeanne d'Albret, l'un des plus capables de dissiper le renom d'intolérance excessive qui pèse sur sa mémoire.

Cette intéressante pièce est inédite et conservée en original à la Bibliothèque de l'Institut, coll. Godefroy, vol. 96, f. 53.

MANIFESTE DES GENTILHOMMES DE LA BASSE NAVARRE
ET DU PEUPLE, QUI ONT PRINS LES ARMES
POUR LA DÉFENSE DE LA RELIGION CATHOLIQUE
ET DE LEURS PRIVILÈGES,
CONTRE L'ESTABLISSEMENT DE LA RELLIGION PRÉTENDUE
RÉFORMÉE FAICT PAR LA REINE DE NAVARRE :
LE S. DE GRAMONT SON LIEUTENANT GÉNÉRAL.

24 mars 1568

Etablissement de la Réforme à Saint-Palais par le s. de Gramont. — Protestation du pays. — Ajournement des Etats de Béarn. — Tentative d'un baptême à la mode calviniste à Saint-Palais. — De Luxe et de Domesaing empêchent ce baptême. — La reine de Navarre renouvelle l'édit en faveur de la liberté de conscience. — Les pays de Mixe et d'Ostabaret députent à la reine les s. d'Amorotz et d'Oreguer. — La reine les fait mettre en prison. — Elle envoie le capitaine La Lanne avec des troupes à Saint-Palais. — Mission secrète du capitaine La Lanne. — Tentative d'empoisonnement du s. de Luxe. — Tentative d'assassinat du s. de Domesaing. — Injustice de la reine de Navarre vis à vis du s. d'Armendaritz. — Emprisonnement de ce seigneur. — Violences commises par les ordres de la reine contre les catholiques de la Basse Navarre. — Leur révolte est excusable. — Egards qu'ils montrent au prince de Béarn après l'entreprise de Garris. — Illégalité des Etats de l'année précédente (1567). — La reine de Navarre saisit les commanderies d'Irissarry et d'Aphat et presque tous les biens ecclésiastiques. — Elle fonde le collège d'Orthez pour anéantir la religion catholique.

Les gentilzhommes de la Basse Navarre, avec la commune du pays, qui ont prins les armes pour le soustenement de la religion catholique et privilléges du pays, ont faict mectre et coucher par escript la cause et occasion de leur mouvement, affin que chascun congnoisse que force et le zelle qu'ilz ont à la religion les a contrainctz d'en venir là et non autre particullière passion, ainsi que leurs ennemys se sont essayez de le faire acroire par tout.

Et premièrement on scayt et est notoire à ung chascun que ladicte dame ou en son absence, Monsieur de Gramont[1], son lieutenant général, introduit avec bien peu de raison l'exercisse de la prétendue religion dans le pays de la basse Navarre et estably lieulx pour prescher ; et entre autres l'esglise de Saint-Palay[2], sans qu'il y en eust que ung seul de ladicte ville qui le requist ne qui feust de ladicte religion

---

1. — Antoine de Gramont, lieutenant général de la reine de Navarre.

2. — Saint-Palais, arrondissement de Mauléon (Basses-Pyrénées). — La reine de Navarre y avait envoyé deux ministres, Jean de la Rive et Tardetz. Une lettre de Charles de Luxe à Catherine de Médicis, en date du 31 décembre 1564, nous apprend que les prêches protestants avaient commencé à Saint-Palais à cette date (*Revue hist. du Béarn et de la Navarre*, juillet 1882, p. 37).

prétendue. Les habitans de laquelle, pour les résistances qu'ilz vouloient faire à la réception et consentement d'une chose si escandaluze, ont esté par plusieurs fois menacez dudict s. de Gramont d'estre en diverses sortes mal traitez. Et en auroit faict emprisonner plusieurs. De sorte que, par telles inthimidations, ilz ont esté forcez de souffrir devant leurs yeulx ladicte religion prétendue, espérant tousjours que, au retour de ladicte dame, qui estoit lors en France, ilz seroyent repparez en ce griefz.

Et estant ladicte dame venue de France, lesdictz habitans, joinct avecques eulx tout le pays, avoient délibéré de luy aller remonstrer ledict grief et la suplier de repparation. Mais, d'aultant que le bruict estoit qu'elle vouloit venir en personne audict Saint-Palay pour tenir les Estatz du pays, ilz advisèrent d'actendre ceste assamblée; en laquelle ilz prétendoyent avoir meilleure repparation que allant trouver ladicte dame, particullièrement en Béarn.

Du despuis ilz ont esté tousjours actendans, quant le plaisir de ladicte dame seroit de faire assambler lesdictz Estatz; ausquelz ilz délibéroyent, entre autres choses, de proposer ledict grief le premier comme le plus important. Mais, pour quelques occasions secretes audict pays, lesdictz Estatz ont esté différez de jour à autre, au grand regred et préjudice des habitans d'icelluy, qui en actendant estoyent constrainctz de souffrir avec escrupule de conscience l'exercisse de ladicte religion prétendue.

En cest intervalle, pour certaines considérations, que ledict pays ne peult juger que bonnes, ladicte dame auroit depputé aucuns gentilzhommes et officiers de sa maison[1] pour venir en cedict pays et faire

1. — Jeanne d'Albret y envoya Jean d'Etchard, pro-

entendre au peuple que son intencion n'estoyt de leur donner autre religion que celle qu'ilz avoient eue du temps de ses prédécesseurs, et en oultre qu'elle les vouloit maintenir en leurs previlleges, libertez et coustumes ; qui donna tel contantement audict pays que chascun demeuroit satisfaict et en meilleure volonté que jamais de vivre et mourir soubz l'obéissance de ladicte dame.

Et pensant ledict pays qu'il deust jouyr de telle asseurance et ne se veoir plus en la peine qu'il avoit eue despuis ladicte introduction, touteffoys, quelque peu de temps après, on auroit veu venir audict Saint-Palay aucuns de ladicte religion prétendue pour faire baptiser en leur secte une créateure, sans avoir esgard à ladicte asseurance. Ce de quoy les habitans dudict Saint-Palay se seroient trouvez estonnez, voyant que, sans monstrer de commandement contraire à la première déclaracion, on leur vouloit remectre ce que leur avoit esté une foys ousté, si bien que, avec bonne et juste cause, ilz empeschèrent ledict baptesme.

Et d'aultant que le faict touchoit en général à tout le pays et que il estoit bruict que aucuns de ladicte religion s'estoient laissez dire qu'ilz feroient célébrer ledict baptesme maugré ledict pays, et ne pouvant panser que ce feust du consentement de ladicte dame, veu ce qu'elle en avoit ordonné auparavant, Messieurs de Luxe et de Domesaing, avec plusieurs de la noblesse, allèrent audict Saint-Palay pour seullement empescher ledict baptesme, comme estant de conséquance, et entendre soubz quel tiltre ilz vou-

---

cureur général de Béarn, Jean de Secondat, s. de Roques, et Pierre de Bergara, ses maîtres d'hôtel (Bordenave, p. 141 et suiv.).

loient innover en cela. Mais ilz ne virent personne et s'en retournèrent en leurs maisons.

Les choses ayant demeuré quelques jours en cest estat, ledict pays auroit esté adverty que aucuns particulliers, qui ne demandent que confusion pour se faire valoir, persuadèrent ladicte dame de révocquer ce qu'elle avoit, avec bonne raison, ordonné sur le banissement de ladicte religion. Luy donnant à entendre, que avec cent harquebouziers, ilz la feroient obéyr en cela, et luy meneroient troussez et lyez tous ceulx qui y vouldroient contredire sans exeception de personne.

Et de faict on a veu que, incontinent ces beaulx et advantageulx conseilz, ladicte dame auroit renvoyé les mesmes depputez audict pays pour faire entendre au peuple que, en leur première charge, ilz n'avoient entendu abolir du tout ladicte religion, mais seullement asseurer ledict peuple que ladicte dame entendoit de laisser vivre chascun en liberté de conscience, comme s'ilz n'avoient parlé assez clairement en leur première légation et que ledict pays n'eust jouy de ladicte asseurance durant quelque temps; où il n'y a que dix seullement qui soyent de ladicte religion et ung seul en ladicte ville de Saint-Palay.

Et pour ce que, entre autres choses, il estoit porté par les instructions desdictz delléguez que ledict pays envoyast devers ladicte dame deux personnages de chesque province, avec la responce de ce que leur seroit proposé par lesdictz depputez de par ladicte dame, les pays de Mixe et d'Ostabarez [1]

1. — Mixe, hameau près de Bidache; Ostabaret canton d'Iholdy, arrondissement de Mauléon (Basses-Pyrénées).

auroient depputé deux gentilzhommes, qui sont les s. d'Amorotz [1] et d'Oreguer [2], et leur auroyent baillé leur charge par escript. Et encores qu'ilz n'eussent rien porté en icelle que toute obéissance, et, quelques remonstrances que lesdictz pays faisoyent à ladicte dame, néanmoings, au lieu de prendre en bonne part telle inclinacion et obéissance, elle auroit retenu lesdictz gentilzhommes prisonniers contre toute raison ; d'aultant que tous messagiers doibvent estre libres; mesmes quant ilz ne portent en leurs charges que choses licites et permises, comme ilz n'ont faict. Et auroit en oultre envoyé le capitaine La Lane [3] avec certain nombre d'hommes de guerre Biarnoys dans le pays contre les previllèges d'icelluy.

Or, d'aultant que l'entrée de telles gens en armes dans le pays ne se faisoyt que pour favoriser l'exercisse de ladicte religion prétendue et pour exterminer ceulx qui estoient pour l'empescher, quelque manteau ou prétexte que l'on a volu prendre, qu'ilz y estoient envoyez pour la main-forte de la justice, ainsi qu'il se pourra juger par les entreprises qui ont esté brassées contre les gentilzhommes catholiques, qui seront cy après récitées, ledict pays, tant pour la conservation de la religion que pour ne debvoir souffrir gens de guerre estrangiers dans le

---

1. — Jean d'Amorotz, seigneur basque catholique. La seigneurie d'Amorotz est voisine de Saint-Palais. Bordenave cite ce gentilhomme et le nomme Amaro. (*Hist. de Béarn et Navarre*, p. 145).

2. — Oregue ou Oreguer est un village près de Saint-Palais.

3. — Jean de la Lanne, seigneur de la Lanne d'Ispourre, mestre de camp de l'infanterie de Navarre et de Béarn (Jaurgain, *Les chatelains de Mauléon* dans la *Revue de Béarn*, 1884, p. 56).

pays sans cause, a esté plus que contrainct d'avoir recours aux armes, puisqu'il n'a sceu estre receu en ses honnestes remonstrances et qu'il a veu que par force on luy vouloit faire prendre une loy qui est par toute la Cristienté tenue suspecte, et de courir sus audict de La Lane et ses gens, ausquelz ilz ont faict meilleur traictement qui ne méritoyent¹; et ce affin que tout le monde cogneut que l'intencion dudict pays n'estoit autre que d'estre ouy et maintenu en son droit.

Et pour respondre à ce que on dict que ledict La Lane estoyt venu pour favoriser la justice, il n'est pas vraysemblable que ung cappitaine, qui a commandé par cy devant et qui porte tiltre de mestre de camp en ce pays, se soyt volu tant abaisser qu'il ayt volu faire office de sergent, si, en sa commission, il n'y eust eu quelque autre chose de caché. Et puis sa venue pour cest effect n'estoyt nécessaire, veu que la justice a esté tousjours bien obéye et que, en cas de besoing, la main-forte luy a esté prestée de tout temps par coustume par les chastelains de Saint-Jehan² et baille de Mixe. Qui donnera à panser à tous ceulx qui vouldront faire jugement sans passion,

---

1. — Le traitement réservé au capitaine La Lanne ne fut pas aussi doux que le disent les seigneurs de la Basse Navarre. Aussitôt après son arrivée à Garris, La Lanne fut assiégé dans un vieux château ruiné où il s'était réfugié, fait prisonnier et enfermé au château de Tardetz (arrondissement de Mauléon), qui appartenait au s. de Luxe. Il fut plus tard échangé avec le s. d'Amorotz, dont nous avons parlé plus haut, lequel était retenu, par ordre de la reine, dans les prisons de Pau (Bordenave, p. 144 et suiv.).

2. — Saint-Jean-Pied-de-Port possédait un château fort. Le châtelain était Jean d'Armendarits, nommé plus loin.

que l'intencion de sa venue en tel esquipaige n'estoit pas si bonne et saincte que l'on la veult faire.

Et qu'il ne soyt ainsi, n'est il pas vulgaire à tout le monde comme on a volu puis naguières faire empoisonner Monsʳ de Luxe par ung soldat de Navarreinchs[1], qui feust envoyé expressément en la Basse Navarre pour cest effect, lequel feust surprins par les gens dudict sieur, ainsi qu'il mectoyt ung morceau de fromaige dans le pot, où le potaige dudict sieur se faisoyt. Et duquel l'expérience feust faicte à l'endroit d'un chien qui, après en avoir mangé, mourut soubdainement.

Et quant Dieu ne volut permectre que ceste entreprise feust effectuée, et ne voulant laisser les choses en si beau chemyn, sans tanter quelque autre moyen pour le faire mourir, n'a-il pas descouvert comme on luy avoit faict prendre la mesure des murrailles de la maison de Laxague[2], où il s'estoit retiré avec sa famille pour sa seurté, et l'endroit par où on debvoit entrer dedans, et venir à mesme temps ledict de La Lane avec ses gens dans le pays. Que peult-on moings juger par là, sinon qu'il vouloit exécuter autres actes que de justice, non seullement contre luy, mais contre tous les autres gentilzhommes catholiques, qui ont toujours résisté à ladicte religion prétendue.

Car il ne se peult ingnorer que Monsʳ de Dome-

---

1. — Navarreins était la place forte défensive la plus marquée du Béarn. — La tentative d'empoisonnement du s. de Luxe, ici rapportée, ne présente aucune vraisemblance.

2. — Le château de Laxague, fief de la vicomté de Soule, vassal du royaume de Navarre.

saing[1] ne l'aye faillie aussi belle, pour ce que, en ung reoiage qu'il fist devers Mons' de Monluc[2], il feust, au retour, guecté sur le chemyn par deux ou trois cens hommes, conduictz par ung nommé Jehan de Mesmes[3]; lequel ne pouvoit faillir à estre atrappé sans l'advertissement que ses amys luy donnèrent de la prinse des passages; qui feust cause de luy faire prendre ung autre chemin pour s'en retourner. Car sans cela, il est certain qu'il eust esté masacré. Et desjà, devant son arrivée au pays, le bruict avoit couru par tout qu'il estoyt mort; mais Dieu le conserva pour ceste foys-là. Du despuis il estoit assez menacé. Et fault croire que celluy qui feust envoyé pour donner ledict poison avoit charge aussi bien contre luy que contre ledict s. de Luxe, d'aultant qu'il alla le premier en sa maison de Beyrie[4] et ne l'ayant trouvé là, s'en alla à Ostabat[5], où ledict s. de Luxe demeuroit. Cest entrepreneur estoit un italien

1. — Valentin de Domesain, seigneur basque catholique, un des principaux compagnons d'armes du s. de Luxe, reprit les armes en 1569 et prit une part importante à la guerre du Béarn sous les ordres de Terride.

2. — Bordenave parle de ce voyage de Domesain vers Monluc. Il avait pour objet, dit-il, de consulter l'auteur des *Commentaires* sur l'appui éventuel que la Basse Navarre pourrait trouver parmi les capitaines catholiques de Gascogne dans sa révolte contre Jeanne d'Albret (p. 142).

3. — Jehan de Mesmes, capitaine protestant, peu après condamné à mort à l'instigation de Blaise de Monluc. Voyez une note de la Pièce justificative n° 2.

4. — Beyrie (canton de Lescar) était un fief qui relevait de la vicomté de Béarn.

5. — Ostabat (canton d'Iholdy) seigneurie très ancienne.

qui a demeuré cy-devant avec le feu s. de Moneing [1] et qui avoit entrée en la maison dudict s. de Domesaing.

Le s. d'Armendaritz [2] a esté employé au service du feu roy Henry de Navarre [3], comme aussi despuis sa mort en celluy du feu roy Anthoyne, et combien que lors, ny despuis, il n'ayt jamais faict chose qui le deust faire eslongner de la bonne grâce de la Royne, ne mectre sur luy aucune mauvaise volunté, toutesffoys, sans aucune cause, ladicte dame l'auroit faict emprisonner, et, contre les previllèges du pays, faict conduire hors icelluy au chasteau de Pau, où il a esté détenu environ de deux ans, avec une insuportable despence qui l'a faict ruyner et mectre en tel estat qu'il est impossible qu'il se puisse rellever jamais en ses biens. Auquel, pour donner quelque couleur à son emprisonnement, on auroit mis sus une infinité de frivolles. Et encores que le procès luy feust faict par ses ennemys cappitaulx et qu'ilz n'eussent rien oblyé en leur procédure de ce qu'ilz pensoyent estre contre luy, si est-ce que Dieu l'a tant favorisé en sa justice et ingnocence qu'il a esté

---

1. — Tristan de Monein, lieutenant général du roi de France en Guyenne, avait été assassiné à Bordeaux dans une sédition soulevée à l'occasion de la Gabelle en 1548. Sa sœur, Catherine de Monein, avait épousé Valentin de Domesain (Bordenave, p. 140, notes); ce qui explique plus facilement que les serviteurs de l'ancien lieutenant général en Guyenne eussent entrée dans la maison de Domesain.

2. — Jean d'Armendaritz, seigneur d'Armendaritz, ancienne baronnie vassale du roi de Navarre, était un seigneur catholique qui prit une part importante à la guerre civile de 1569 en Béarn.

3. — Henri d'Albret, roi de Navarre, père de Jeanne d'Albret, mort en 1555.

déclairé ingnocent de tout ce que luy avoit esté mis à l'avant. Mais entre-deux il a souffert et paty en sa personne et bien plus que son eage ny moyens ne le pouvoient permectre. Et si encores de nouveau, pour ne le laisser en reppoz que le moings qu'il sera possible, s'estant luy rendu prisonnier entre les mains des juratz de Saint-Jehan pour ung crime ordinaire advenu en leur juridiction et dont la congnoissance leur en appartient, et despuis que le procès luy a esté par eulx instruict et mis en estat de juger, on le luy auroit évoqué en Béarn contre les previllèges du pays et commis l'instruction de ce qui reste à cinq juges de la religion prétendue, qu'il tient pour partyes formelles; d'aultant que tout le mal que l'on luy veult ne procède que de ce que, du commencement que aucuns proposèrent aux Estatz qu'il failloit avoir ministres de ladicte religion prétendue dans le pays, il respondit qu'il ne les failloit pas appeler ministres de Dieu puisqu'ilz sortoyent des limites de la foy, et qu'il n'estoit besoing que l'on permit aucunement telle introduction. Et voilà d'où toute la haine que l'on luy porte a prins l'origine.

Et n'est merveilles si on est entré dans le pays avec une si grande feurye contre eulx et ceulx qui ont tousjours contredict à ladicte religion et procédé si extraordinairement, comme ilz ont faict contre toute équité et raison, sans les avoir ouyz ni sommez d'alléguer leurs raisons; car que eust-l'on faict pis au Turcq que de l'abandonner à la feurye du peuple, deffendre par tout le pays de ne leur bailler ny administrer aucune chose, et ordonné que, partout où ilz seroyent veuz, on les poursuyvit à repic de campane[1]

1. — *A repic de campane*, à son de cloche.

et tailler tous en pièces, prins et saisy leurs maisons et biens. Mais on ne le doibt trouver estrange d'eulx, veu qu'ilz ont, longtemps y a, désiré leurs vyes et que, quant ilz seroient mortz, on pourroit faire estendre ladicte religion tant et si avant qu'ilz voudroient; car leurs depportementz, quant ilz se sont veus maistres au pays, le démonstrent assez. D'aultant qu'ilz ont faict contre la religion catholique tout le pis qu'ilz ont peu; ayant bruslé et tiré à l'arquebouze le corps de Nostre Seigneur, rompu croix et images, desrobbé et faict estable des esglises, baptu et rançonné les presbtres, forcé filles et femmes et saccaigé tout le pays; par où on peult congnoistre aisément que leur persécution n'estoyt poinct contre les rebelles, sinon contre la religion et ceulx qui la veullent maintenir.

Et fault noter que, si les armes eussent esté prinses du costé des catholiques pour autre chose que pour le soustenement de la religion, que, sans porter le respect qu'ilz ont monstré à Monsr le Prince, ilz estoient en l'entreprise de Garris [1] en plus grand nombre sans comparaison que la force que ledict s. prince avoyt pour faire passer en ladicte Basse Navarre [2], et que aisément on l'eust empesché d'entrer en pays, encores qu'il eust avecques luy tous les

---

1. — Garris, canton de Saint-Palais, arrondissement de Mauléon. — *L'entreprise de Garris* est le siège de la ville et l'emprisonnement du capitaine La Lane par les révoltés de la Basse Navarre. Voyez cy-dessus la note 1, p. 155.

2. — Aussitôt après l'arrestation du capitaine La Lane, Jeanne d'Albret envoya son fils avec des troupes en Basse Navarre. Les révoltés se réfugièrent dans les montagnes et peu à peu se dispersèrent. Voyez le récit de Bordenave, p. 145. L'expédition du jeune prince alarma tellement l'ambassadeur

rebelles du Roy retirez en Béarn et tous ceulx de leur religion subjectz de Sa Majesté qu'ilz avoient peu amasser. Mais ilz voulurent monstrer acte d'obéissance au Prince en se retirant, comme ilz firent pensant qu'il vint en intencion de vouloir entendre la cause dudict mouvement et faire droict à chascun là dessus. Touteffoys tant s'en fault qu'il l'ayt faict que au contraire il a tasché de faire le pis qu'il a peu contre eulx. Il est vray que lesdictz catholiques ne luy en donnent pas le blasme à cause de son eage, mais bien à ceulx qui ont procédé en ceste façon soubz son nom, dont les principaulx d'eulx ont esté les solliciteurs ausdictz catholiques de prendre les armes, affin que entre-deux ilz eussent moyen de faire leurs affaires comme ilz ont faict.

Et n'estans poinct contans d'avoir procédé par telles voyes indues en tout ce que dessus, ilz ont tenu les Estatz, absentz les principaulx gentilzhommes du pays. Et y ayant appellez ceulx qui n'ont oncques eu voix ny place en iceulx, ont arresté et conclud tout ce qu'ilz ont volu contre toute forme d'Estatz, qui ont accoustumé d'estre permis libres, pour proposer griefz et poursuivre la repparation d'iceulx et non les armes à la main, comme on a faict. Surquoy lesdictz catholiques absentz auroient protesté de nullité et envoyé leur protestation à la Royne. Touteffoys sans avoir aucun esgard à tout cella auroit faict passer oultre.

Ce que lesdictz catholiques ne trouvent poinct estrange, d'aultant que, quant ilz seroient fundez du

---

d'Espagne en France, don Francis de Alava, qu'il informa Philippe II de l'imminence d'une invasion en Aragon. Ce singulier avis est conservé aux Archives nationales, K. 1511, n° 30, orig. sans date.

meilleur droict du monde, ladicte dame n'aproveroit jamais leurs raisons, pour estre tout son conseil composé de gens faisans profession de ladicte relligion prétendue et par conséquant partyes formelles, par l'advis et conseil desquelz, ou que ce soyt qu'ilz n'ayent en rien volu contredire ladicte dame, elle auroit prins et saisy les commanderyes d'Irissary[1] et d'Appat[2], qui sont de l'ordre et disposition de Malte, et en auroit despossédé les titullaires pourveuz par le grand Maistre dudict Malte, et icelles données à deux de ses serviteurs domestiques, au grand mespris et escandalle de toute la Crestienté et mesmes dudict pays; qui ne peult moings espérer à l'advenir que de veoir les bénéfices d'icelluy conférez à gens de ladicte religion prétendue; veu que en Béarn elle en a faict de mesmes.

Car, à son dernier retour de France, elle auroit baillé commission pour entièrement en toutes villes et lieux dudict Béarn exterminer l'usage et exercisse de la religion catholique, saisi plusieurs bénéfices vaccans et estably trésorier exprès pour faire recepte des rentes et revenuz d'iceulx, inhibé et deffendu à tous évesques et prélatz de conférer aucun bénéfice, ordonné que nulles bulles du Pappe eussent lieu en ses terres, s'apropriant à elle toutes collations et présentations desdictz bénéfices, sauf des patrons lais; lesquelz pourtant estoyent constrainctz, suyvant ses ordonnances[3], de présenter lesdictz béné-

---

1. — Irrissarry, commanderie de Malte, canton d'Iholdy (Basses-Pyrénées).

2. — Aphat-Ospital, commanderie de Malte, commune de Saint-Jean-le-Vieux (Basses-Pyrénées).

3. — Ordonnances de Jeanne d'Albret, juillet 1566. Ces ordonnances ont été publiées par M. Lafforgue,

fices à personnes de ladicte religion prétendue [1].

Davantaige, comme il est clair à ung chascun, elle auroit faict abaptre les images par les esglises des principalles villes dudict Béarn; assavoir, à Pau, Lescar, Oleron, Orthez, Saubaterre, Salies et Beaulocq [2], et en une infinité de villages, et faict interdire l'exercisse de la religion catholique où il y a plus de vingt mil âmes qui vivent sans aucune religion [3]. Et encores que, aux derniers Estatz dudict Béarn, les catholiques eussent poursuivy la repparation et réintégration de l'exercice de ladicte religion catholique, touteffoys ilz ne sceurent tant faire que ladicte dame leur octroyast leur tant juste demande; si bien que, sans entendre en autres affaires ny prendre aucune conclusion d'Estatz, lesdictz catholiques se retirèrent avec beaucoup de menasses que ladicte dame leur fit de les mal traicter.

Et d'aultant que toutes ses actions ne tendent que à l'abolition de ladicte religion catholique, et voyant que, par les moyens qu'elle a faict user, elle ne peult réduire le peuple en si grand nombre qu'elle vouldroit à ladicte religion prétendue, elle se seroit advisée de faire dresser ung colliège à Orthez [4], et

(*Hist. d'Auch*, t. I, p. 385) et plus correctement par M. Soulice dans le *Bulletin de la Soc. de l'hist. du Prot. français*, 1891, p. 292.

1. — Toutes ces affirmations sont mensongères ou exagérées jusqu'à l'invraisemblance.

2. — Sauveterre, Salies, Belloc.

3. — *Sans aucune religion*, c'est-à-dire sans aucune pratique de la religion réformée.

4. — L'ordonnance de Jeanne d'Albret portant règlement et organisation de l'académie protestante d'Orthez porte la date du 1ᵉʳ avril 1568. Elle a été publiée plusieurs fois, notamment par M. Felice : *Les lois collégiales de l'académie du Béarn*, 1889, in-8°.

mis des régens faisans professions d'icelle, commandé à tous pères d'envoyer leurs enfans audict colliège, et deffendu de n'entretenir aucuns particulliers pedaguogues en leurs maisons. Et ce affin que les enfans soyent instruictz en ladicte religion et que à l'advenir, la catholique n'ayt lieu audict pays.

Voila doncques en partye les occasions qui les ont contrainctz de prendre les armes, dont, pour n'estre prolixe, ilz laissent une infinité d'autres sans les rédiger par escript; estimant que, en ce qui est comprins aux présens articles, il se trouvera assez de matière suffisante pour faire congnoistre que, non sans cause légitime, ilz se sont desclairez en cela.

Faict à Eyheralarre [1] le XXIIIIe mars 1568.

    Charles de Lusse.
    Domesaing.
    A. de Chaux.
    Gabriel du Hart.
    Armandaris.
    Jan d'Esparça.
    Artyeda [2].

1. — Eyheralarre est le nom basque de Saint Michel au pays de Cize, en basse Navarre, canton de Saint-Jean-Pied-de-Port (Basses-Pyrénées.) (Note comm. par M. Labrouche, archiv. des Hautes-Pyrénées).

2. — Charles de Luxe, nommé dans les *Mémoires*, (p. 113). — Valentin de Domesain, nommé cy-dessus (p. 157). — Antonin, vicomte d'Etchaux (ou de Chaux, suivant sa signature), seigneur catholique capitaine de gens de pied dans l'armée que Terride conduisit en Béarn. — Gabriel d'Uhart, baron d'Uhart, lieutenant de Domesàin pendant la guerre de 1569. — Jean d'Armendaritz, nommé cy-dessus (p. 158). — Jean d'Esparça. — Jean de Beaumont-Navarre, seigneur d'Artieda par son mariage avec Leonor de Esparça y Artieda (Jaurgain, *Revue de Béarn*, 1884, p. 292).

II

Les Articles envoiez au Roy par la Royne de Navarre *présentent la justification de la princesse vis à vis de ses sujets révoltés et le tableau des plaintes du parti réformé. Jeanne parle de ces* Articles *dans ses* Mémoires *(p. 60). La reine mère crut y reconnaître l'âpre langage des conseillers du prince de Condé. Il est certain que le porteur, la Vaupilière, était passé par Noyers et il serait possible que le post-scriptum ait été ajouté à Noyers.*

Voici les circonstances qui donnèrent naissance à ces Articles.

A la suite de la déclaration de guerre des gentilshommes de la Basse Navarre, Jeanne d'Albret ordonna le siège du château de Garris, du haut duquel Luxe et ses complices avaient l'audace de braver leur souveraine, quand Bertrand de Salignac de la Mothe Fénelon, au nom du roi de France, offrit sa médiation. Il obtint facilement le pardon des rebelles et les réintégra dans leurs biens et dans leurs dignités. En retour, la reine de Navarre, par les présents Articles, adressa requête au roi contre les injustices et les violences du parti catholique en Guyenne.

Nous sommes heureux de pouvoir y joindre la la réponse du roi, qui reconnait à la fois le bien fondé de la plupart des plaintes de la reine de Navarre et son impuissance à lui rendre justice.

Ces deux documents sont inédits et sont conservés en copie du temps dans les Ve de Colbert, vol. 24, f. 167 et 179.

ARTICLES ENVOIEZ PAR LA ROYNE JEANNE DE NAVARRE
AU ROY TANT SUR L'OBSERVATION DE L'ÉDIT
DE PACIFICATION QUE POUR LE GOUVERNEMENT
DE GUYENNE;
LESD. ARTICLES PORTÉS PAR LE S. DE VAUPILIÈRE

7 et 31 juillet 1568

Lettre de créance en faveur du s. de Vaupilière. — La reine de Navarre a pardonné à ses sujets rebelles suivant les désirs du roi. — La paix générale dépend de l'observation de l'édit de pacification. — Plaintes contre les arrêts du parlement de Toulouse et les meurtres commis par Blaise de Monluc en Guyenne au mépris de l'amnistie. — La reine de Navarre proteste contre la prétention de Monluc de mettre garnisons en certaines villes qui lui appartiennent. — Elle proteste contre la mission du président de La Ferrière en Soule. — Elle proteste contre un arrêt du parlement de Bordeaux. — Elle proteste contre l'ingérance du s. de Bellegarde dans le comté de Foix. — Elle invite le roi à envoyer un prévot des maréchaux dans led. comté pour réprimer les séditieux. — Elle demande au roi de donner au prince de Navarre, lieutenant général en Guyenne, mission et pouvoir de parcourir son gouvernement. — Prière de révoquer le

s. de Montaut, investi par Monluc du gouvernement des Landes. — Prière de délivrer de leurs garnisons certaines villes de Vendomois, de Picardie et de Guyenne qui appartiennent à la reine de Navarre. — Nouveaux griefs de la princesse contre Monluc. — Excès de pouvoir de Bellegarde dans le comté de Foix. — La faveur que la reine de Navarre demande pour son fils a été accordée au duc de Guise en Champagne. — Plaintes contre le s. du Lude, qui a cessé de mentionner le nom du prince de Béarn en tête de ses actes. — Excès des compagnies royales en Picardie, Limousin et Poitou. — Garnison de la compagnie du prince de Béarn. — Plaintes contre les violences de certains capitaines dans le comté de Foix.

Le sieur de Vaupillière [1], envoyé au Roy de la part de la Royne de Navarre, remerciera très humblement Sa Majesté de la faveur et honneur qu'il luy a pleu faire à lad. dame de luy confirmer par Monsieur de la Mothe Fenellon [2], chevalier de son ordre, l'amictyé qu'il luy a tousjours portée, la suppliant très humblement de luy vouloir continuer, comme à celle qui est honorée de luy estre si proche et qui persévérera toute sa vie au debvoir de la fidélité et subjection qu'elle luy doibt.

Fera pareillement entendre à Sad. Majesté comme ayant lad. dame receu l'advis et conseil qu'il luy a pleu luy donner pour mectre fin aux troubles de son

1. — Antoine Martel, s. de la Vaupilière. Voyez les *Mémoires*, p. 60.
2. — Sur la mission de la Mothe Fénelon. Voyez les *Mémoires*, p. 54.

royaulme deçà les Ports [1], combien qu'il luy semblast qu'elle ne feust pas par là si bien satisfaicte de ses subjectz sur les choses passées que le cas le requéroit. Néantmoings, pour le respect qu'elle a voulu porter et portera tousjours à ce qui luy viendra de la volonté de Sad. Majesté, elle a, promptement et sans retardement ne difficulté quelconque, encliné aud. advis et conseil, et l'a observé de poinct en poinct; ainsi que le pourra bien tesmoigner led. s. de la Mothe; lequel s'est bien et dextrement employé à ceste négociation pour amener au vray chemin d'obéissance lesd. subjectz, qui, trop inconsidérement, se vouloyent rendre difficiles à se départir de leurs prétentions et entreprinses, qui ne peuvent entendre ne consentir à la paix et repos du monde. Toutesfoiz les choses ont si généreusement succédé qu'ayant, lesd. subjects, recongneu lad. dame et s'estant humiliés à elle selon leur debvoir, elle les a bien bény [2] et receuz en sa bonne grâce, en laquelle elle les veut maintenir comme ses bons et loyaulx subjectz et serviteurs, et, pour ne souvenir jamais du passé, si-eulx mesmes ne le font revivre; ce qu'elle estime qu'ilz ne vouldront pas faire, maiz plustost qu'ilz luy

---

1. — *Ports*, portus. On désigne sous ce nom sur la frontière d'Espagne les vallées qui traversent les Pyrénées.

2. — Ce mot tranche une question qui était restée incertaine. Lorsque La Mothe Fénelon eut obtenu la grâce des seigneurs révoltés, il fut décidé qu'ils iraient en personne à Pau pour implorer leur pardon. D'après Olhagaray, Jeanne leur adressa d'amers reproches et leur reprocha leur déloyauté (p. 573). D'après Bordenave, au contraire, elle les « caressa bénignement » et les combla de présents (p. 150). Le passage cy-dessus tranche la question en faveur de Bordenave.

donneront occasion par leurs bons offices de leur continuer la bonne affection qu'elle leur porte et de les grattifier en tout ce qu'il luy fera plaisir; à quoy lad. dame sera tousjours bien disposée et de très bonne volunté.

Remonstrera aussi, led. s. de Vaupillière, qu'ayant pleu à Dieu faire à Sad. Majesté la grâce de remectre son royaulme en paix et transquillité, lad. dame, Royne de Navarre, a de quoy se resjouir de ce grand bénéfice aultant et plus que nul aultre de ses subjectz, voyant par là Sad. Majesté en repos et prévoyant aussi que, de la continuation des troubles, ne se pouvoit actandre que l'entière ruyne et dislocation de sond. royaulme et subjectz; toutesfois qu'il semble, par les actions et desportemens dont on use en la pluspart des endroictz dud. royaulme, ne voulant en aulcune manière recevoir ne entretenir l'édict de pacifflication, qu'on ait délibéré de recommencer ceste piteuse tragédie; à quoy pourtant tous les gens de bien dud. royaulme ne pourront donner consentement. Supplye très humblement lad. dame, royne de Navarre, Sad. Majesté de vouloir, par son auctorité et de l'advis de ses plus fidèles subjectz et serviteurs, pourveoir là dessus tellement que, faisant cesser les meurtres et massacres, pilleries et tous aultres excès et cruaultés, qui se commettent contre sesd. subjectz qui font profession de la religion réformée, ostant aussi tout ce qui peult engendrer subçon, comme font les armées que les gouverneurs des provinces tiennent encores levées, les gens des garnisons qui vivent à discrétion sur le peuple, et faisant par Sad. Majesté indifféramment congnoistre à sesd. subjectz quelle s'asseure d'eulx sans aulcune deffiance de leurs bonnes intentions, on puisse jouyr du repos auquel il a pleu à Dieu remectre led. royaulme par le moyen d'icelluy édict; de l'observation et entretenement duquel il est certain que dépend la paix et tranquillité dud. royaulme. Comme au contraire la rupture nous ramènera tousjours aux troubles plus dangereux qu'on ne les a jamais apperceuz ny sentiz. Et si y a grande apparence qu'en plusieurs endroicts d'icelluy royaulme les subjectz de Sad. Majesté, si laz et travaillez du passé que maintenant ilz ne désirent qu'ung peu de relasche et de reprise d'aleyne par le bénéfice dudict édict, la pluspart des catholicques, scachant bien que l'intention de Sadicte Majesté est que son édict soit entretenu et s'asseurant que ladicte rumpture ne pourroit procéder que de quelques particulliers séditieux, ennemys de paix et de concorde, de mesme de la couronne de France, hazarderont franchement leurs vies avec les autres bons subjectz de Sadicte Majesté qui se voudront s'opposer à la viollance qu'on vouldroit entreprendre de faire contre et au préjudice d'icelluy édict au desceu et contre la volunté de Sadicte Majesté; à laquelle ladicte dame, reyne de Navarre, supplye très humblement de prendre de bonne part ceste remonstrance, qui luy est faicte d'une pure et très bonne intention par celle qui désire de toute son affection l'accroissement de son estat avec bonheur et toute prospérité.

Et pour toucher à quelques particularités de ce qui s'est passé en la Guyenne et en Languedoc, par où l'on a peu prendre advis qu'il reste encores beaucoup de mauvaise volunté en aulcuns espritz turbulents, qui ne cesseront jamais qu'ilz n'ayent, si leur est possible, remys la France en la calamité des troubles qu'encores elle lamente, ladicte dame envoye l'arrest de la cour de Parlement de Tholose sur la publication dudict édict[1], et les coppyes de deux lettres missives, l'une de Mons. de Monluc escripte à Mons. de Gondrin[2], et l'aultre de deux cappitoulz dudict Tholose, envoyez en court, qu'ilz ont aussi escriptes à leurs compaignons; par où il se pourra juger s'il y a occasion de doubter de l'entretenement dudict édict. Joinct aussi à tout cela les meurdres, massacres et penderies qu'on a faictes de ceulx de ladicte religion réformée audict pays de Guyenne et de Languedoc, et nominément ledict sieur de Monluc, qui, entre les autres qu'il a faictz mourir depuis ledict édict, a faict pendre et estrangler sans formalité de justice ung nommé le cappitaine Mesmes[3], homme de bien et bon soldat, nepveu du s. de Rouessy.

Le semblable a esté faict d'ung garde des parcqs de ladicte dame, reyne de Navarre, dont elle se treuve grandement offensée; davantage, infinies

---

1. — Arrêt de la cour de Toulouse qui repoussait l'édit de pacification rendu après la paix de Longjumeau. Voyez les *Mémoires*, p. 60.

2. — Bertrand de Pardaillan, baron de la Mothe Gondrin, capitaine catholique, fils de Blaise de Pardaillan de la Mothe Gondrin, tué à Valence en 1562. Bertrand était sénéchal des Landes en 1573, gentilhomme de la chambre du roi en 1580, et vivait encore en 1603.

3. — Jehan de Mesmes, capitaine protestant, originaire de Mont-de-Marsan, avait pris part à la guerre civile de 1562. Voyez les *Commentaires de Monluc*, édit. de la Soc. de l'hist. de France, t. III, p. 15, note. Il fut fait prisonnier en pleine paix au commencement de 1565, conduit à Condom et condamné peu après sur les instances de Monluc. Voyez les lettres de l'auteur des *Commentaires* du 2 et du 4 mars 1565 (t. V, p. 10 et 12).

pilleries, excès et insolences se sont commises depuis ledict édict et se continuent encores. Au moyen de quoy et voyant d'autre part les ligues que ledict sieur de Monluc a faictes en Guyenne, les garnisons qu'il tient aux villes et qu'il praticque d'y maintenir et augmenter comme s'il n'estoit rien de la paix, et que les officiers de la justice, tant de Sa Majesté que ceux de ladicte dame du ressort de Tholose et de Bourdeaulx, ne sont encore rentrez en l'exercice de leurs charges ny une infinité de gens de ladicte religion réformée en leurs maisons; mesmes audict Tholose, retiennent encores prisonniers ung grand nombre de gens de ladicte religion, qu'ilz ne veuillent mectre en liberté selon la teneur d'icelluy édict; cella faict qu'une infinité de personnes sont comme en désespoir et pensent de si près à leurs affaires qu'il en pourroit sortir quelque grand inconvénient, et s'il n'y est bien promptement et dextrement remédié: combien que ladicte dame ne cesse jamais d'asseurer et les ungs et les autres de l'intention de Sadicte Majesté, qui est que icelluy édict soit inviolablement gardé et observé et que chacun vive en paix et transquillité soubz l'obéissance d'icelluy édict.

Aussi désire bien lad. dame que Sad. Majesté soit informée que led. s. de Monluc, pour faire tousjours choses nouvelles et principallement qui puissent desplayre ou préjudicier à icelle dame, a mys en délibération de mectre garnison à Saint-Sever, Grenade, Cazeres, Ayre, Barsalone, Naugarro, Riscle, Mauburguet, Marsiac, Tarbes [1] et autres lieus, joi-

1. — Saint-Sever (Landes). — Grenade (Landes). — Cazeres (Landes). — Aire (Landes). — Barcelonne (Gers). — Nogaro (Gers). — Riscle (Gers). — Maubourguet (Hautes-Pyrénées). — Marciac (Gers).

gnans et contigus du pays de Béarn, mesmes jusques à parler d'en mectre à Nérac, à Chastelgeloux et le Mas d'Agenoys[1], qui sont les principalles maisons de lad. dame en son duché d'Albret, où elle a bonne partye de ses meubles et papiers; ausquelz lieux il n'en fut jamays ordonné ny logé pour estre la pluspart d'iceulx aux comtés de Bigorre et d'Armagnac, appartenans à lad. dame et de tout temps exemps de telles charges. Au moyen de quoy luy seroit faict trop grand tort et préjudice de la priver de ceste longue possession, droict et auctorité qu'elle y a; et encores plus de faire par ceste occasion si évidente démonstration que Sad. Majesté fust entrée en quelque deffiance de sa loyauté.

A ceste cause supplye très humblement d'ordonner et commander que lesd. garnisons ne seront point mises ausd. lieux, ne aultres proches dud. pays souverain de Béarn, ou qui soyent appartenans à lad. dame et en possession de n'en avoir poinct. Car malaisément pourroit elle souffrir chose quelconque dud. s. de Monluc, qui offensast sa grandeur et réputation, ou qui la mist en subson de deffiance envers Sadicte Majesté; de laquelle elle scaura et vouldra tousjours bien prendre ce qui luy viendra de sa propre volunté et y obéyra sans aucun regrect ne contradiction. Se fiant aussi, tant de l'amictyé que Sad. Majesté luy a tousjours portée et qu'il luy plaist encores luy continuer, qu'il ne sera jamais par son advis et consentement faict à lad. dame traictement indigne de l'honneur qu'elle a de luy appartenir et de la fidellité et loyaulté qu'elle et ses

---

1. — Nérac, Casteljaloux, le Mas d'Agenais (Lot-et-Garonne).

prédécesseurs ont tousjours gardée au service de sa couronne, pour la conservation de laquelle il n'y a subject de Sa Majesté qui ait plus d'affection ny de moyen que lad. dame et led. s. prince son filz; lesquelz, pour ces considérations et de l'honneur qu'ilz ont d'en deppendre et en estre si proches, ne demandant pour toutes choses que la bonne grâce de leur Roy, doibvent estre plus respectez que celluy qui ne va que comme le gain, l'ambition ou la vindicte le poulsent, et duquel ladicte dame ne peult et ne veult rien plus souffrir en ce qu'il entreprendra de son particulier et au par dessus ce qui est et deppend de sa charge. Et sçaura lad. dame bien congnoistre ce qui appartiendra à son estat, concernant le service de Sadicte Majesté pour y satisfaire, comme au contraire, en ce qui n'en deppendra et n'en sera poinct, elle s'asseurera de bien pourveoir à l'arrester et faire contenir en ses limites sans passer plus oultre. Estimant que Sadicte Majesté ne vouldra pas aprouver que quiconques que ce fust abusast de son nom et aultrement et s'en fortifiast pour l'exécution de ses mauvaises intentions, spéciallement à l'endroit de lad. dame reyne de Navarre; laquelle est assez advertye que icelluy s. de Monluc, par ses promptes et légères despesches et pour faire à l'acoustumé valloir sa marchandise, a donné beaucoup d'advis à Sad. Majesté, mesme depuis que Mons. de la Mothe Fénelon est premièrement venu en ses quartiers. Lesquels advis se trouveront tousjours calumpnieulx; s'en remettant lad. dame aud. s. de la Mothe, vray tesmoing de ses actions et desportemens, despuis le commencement de la négociation des affaires pour lesquelz Sad. Majesté l'avoit despesché par deçà.

Ladicte dame royne de Navarre a par cy devant supplyé très humblement Sad. Majesté de luy faire justice de ceulx du pays de Soulle[1], qui sont entrez armez en assemblée et congrégation illicite en ses royaulme et pays souverains, où ilz ont exécuté plusieurs actes d'hostilité, vollé et pillé ses naturelz subjetz et aulcuns aussi de Sad. Majesté, qui s'y estoient retirez pour la seureté de leurs biens et vies, desquelz ilz en ont meurdry aucuns qu'ilz ont par viollence transportez dud. pays souverain aud. Soulle, pour là exécuter sur eulx leur rage; à quoy Sad. Majesté avoit pourveu, escripvant à Mons. de la Ferrière[2], président en la court de Parlement de Bourdeaulx, qu'il eust à s'en aller aud. Soulle pour en informer et en faire justice et à Messieurs de lad. court d'y tenir la main, et à ceste fin permettre aud. s. président de faire led. voyage. Là dessus lad. court a expédié commissaire aud. s. de la Ferrière pour procéder jusques au jugement de tortures; lequel estant aud. Soulle, principallement pour faire publier l'édict de paciffication, a trouvé aud. pays fort peu de respect, comme il se pourra tousjours bien aysément veoir. Néantmoings après si longue contestation et avoir faict par lesd. habitans plusieurs protestations, lad. publication d'édict a esté faicte; et passant oultre par led. s. de la Ferrière, sans auc-

---

1. — Soulèvement de la Basse Navarre. Voyez les *Mémoires*, p. 50, et la pièce justificative n° 1.

2. — Louis Goyet de la Ferrière, avocat général au parlement de Bordeaux, puis quatrième président à ladite cour, fut investi le 18 juin 1570 de la charge de premier président en place de Jacques-Benoist de Lagebaston, et y fut reçu le 18 août (Registres secrets du parlement de Bordeaux, copie conservée à la Bibliothèque de Toulouse, B. 161, f. 51 et suiv.).

torité ny pouvoir qu'il en eust et au grand préjudice dudict édict, a tenu en suspens aucuns officiers de Sad. Majesté de l'exercice de leurs estatz, et commis autres leurs délateurs en leurs places; qui a faict penser à lad. dame royne de Navarre, voyant ceste manière de procéder et pour autres considérations aussi, qu'elle ne pouvoit espérer de cest endroict la justice qu'elle demande des cas et excès susditz commis en sesd. terres souveraines. Et par ce a différé de faire vacquer à lad. information jusques après en avoir faict à Sad. Majesté remonstrance avecq très humble requeste de luy ordonner autres commissaires, desquelz lad. dame n'ait suspeçon aulcun; ce qu'elle luy supplye luy voulloir accorder[1].

Pareillement, sur la déclaration qu'il a pleu à Sa Majesté faire expédier touchant l'arrest de la court de Parlement de Bourdeaulx donné à la défaveur de ladite dame royne de Navarre, Sa Majesté sera supplyée d'ordonner que lad. dame soict pour ce regard mieulx satisfaicte, et que led. arrest soict biffé ou rayé des registres de lad. court comme donné sans fondement ne occasion quelconque, partye non oye et par juges incompétans, qui n'ont nulle puissance ny auctorité du faict des armes[2]; ainsi que led. s. de Vaupillière remonstrera plus amplement.

---

1. — Le récit de la mission du président de La Ferrière en Soule est exposé dans une analyse publiée par M. de Jaurgain (*Revue de Béarn*, 1884, p. 293). La mission de La Ferrière fut courte. Parti de Bordeaux le 18 mai il rentra à Bordeaux le 13 juin.

2. — Il s'agit ici des arrêts du parlement de Bordeaux en vertu desquels le président de La Ferrière fut envoyé dans la Basse Navarre pour publier l'édit de Longjumeau. Toutes les copies des registres

Entre les autres auctoritez et libertez dont lad. dame est en possession immémorialle en son comté de Foix, les habitans sont exemptz de garnison de gens de guerre et de tous subsides et impositions de deniers, et d'avantage n'y a eu jamais lieutenant de Roy, en quelque province que ce soit du royaulme, qui ayt entrepris de commander aud. pays de Foix, mais en a tousjours demouré l'auctorité au Comte qui, soubz l'obéissance et par le service de Sa Majesté, y a absolument commandé. Et combien que le s. de Bellegarde [1], qui se dict avoir charge en certains endroictz sous led. s. de Monluc, ne puysse ignorer telles auctoritez, néantmoings, il a, ces jours passez, mandé aux habitans de certaines villes dud. comté qu'ilz n'eussent à faillir de recevoir les garnisons qu'il avoit délibéré d'y envoyer. De quoy estant lad. dame advertye, elle a mandé à ses subjectz, soubz la souvereineté de Sa Majesté, de ne luy obéyr poinct, actendant qu'elle en auroit donné advertissement à Sad. Majesté, pour en avoir desclaration expresse, laquelle elle supplye très humblement luy vouloir accorder et faire expédier, à ce que suivant lesd. auctoritez, libertez et possession, lad. comté demeure exempte desd. garnisons et de tous subsides et impositions de deniers, sans qu'il soict permys à aucun d'entreprendre au contraire en façon ne manière

---

secrets du parlement de Bordeaux, celle de Bordeaux celle des Bibliothèques de Paris et de Toulouse contenant une lacune d'août 1566 au 14 novembre 1570, ces arrêts n'existent plus.

1. — Roger de Saint-Lary de Bellegarde, père du maréchal Roger de Bellegarde, lieutenant du roi en Comminges sous le règne de Charles IX, tué à la bataille d'Arnay-le-Duc en 1570. Secousse a écrit sa vie.

quelconque. Et par ce que lad. dame se confie tant en Sad. Majesté qu'elle luy vouldra conserver ce que ses majeurs et aucteurs luy ont acquis par la fidélité qu'ilz ont tousjours porté et les services remarquables qu'ilz ont faictz à sa couronne, à laquelle elle n'a pas moins d'affection, elle n'en fera pour ceste cause icy plus ample remonstrance; seullement persistera à sa très humble requeste de la maintenir en ses droictz, auctoritez et possession susdites.

Et d'aultant que le pays de Foix et plusieurs autres terres et seigneuries, que lad. dame tient soubz l'obéissance de Sa Majesté, sont, à son très grand regret, par trop fornys de gens insollens et de mauvaise vie qui, pour la confiance et seureté qu'ilz ont en plusieurs lieus inacessibles aux monts Pyrennées, proches et contiguz desd. pays, se sont tellement licentiez à mal faire et accreuz en nombre qu'ilz ne laissent maléfices qu'ilz ne commectent en tous lieulx et envers toutes sortes de gens, pour lesquels réprimer et punir plus promptement et facilement, sans entrer en longueur de procès ordinaires, il seroit expédient et nécessaire d'y faire procéder par ung prévost des mareschaulx, lad. dame reyne de Navarre supplye qu'il soit le bon plaisir de Sa Majesté de faire expédier sur ce commission adressée au premier sénéchal ou prévost des mareschaulx sur ce requis, qui jugera ses procédures à ung siège présidial plus commode comme il advisera, interdisant à toutes courts de Parlement et autres la congnoissance des causes dont led. prévost sera saisi et des deppendances d'icelles.

Lad. dame royne de Navarre, ayant maintenant pacifflé ce qui estoit troublé en ses pays souverains, s'est résolue d'aller visiter ses terres et seigneuries qu'elle tient soubz l'obéissance de Sa Majesté pour y recevoir ses hommages et faire le meilleur mesnage qu'il luy sera possible sur les grandes usurpations qui luy ont esté faictes, affin que, par l'augmentation de son revenu, elle ait tant plus de moyen de continuer à Sad. Majesté le secours qu'elle luy doibt et veult rendre tout le temps de sa vye. Et par ce que la pluspart desd. terres et seigneuries, comme sont le duché d'Albret, les comtez d'Armagnac, de Roddez et de Périgort, la vicomté de Limoges et autres sont soubz le gouvernement de Guyenne, duquel led. s. prince de Navarre a esté honoré d'estre pourveu, et que lad. dame, en ce voyage et visitation de terres, veult estre accompagnée dud. s. prince, son filz, lequel, pour estre le premier prince du sang, sembleroit estre par trop desfavorisé si, estant en sond. gouvernement [1], il n'y exerçoit sa charge.

A ceste cause lad. dame supplye très humblement Sad. Majesté, de permettre et commander aud. s. prince qu'il s'employe et face son estat, assisté toutesfoys de deux ou troys des seigneurs cy-après nommez, s'il plaise à Sad. Majesté le trouver bon ainsi. Qui sont : Messieurs de Candalle, le marquis de Villars, de Biron, de Lauzun, de Caumont et de Jarnac, par l'advis et conseil desquelz ou de ceulx d'entre eulx qu'il plaira à Sad. Majesté nommer et eslire, toutes choses passeront et seront traictées, et non autrement.

Et s'il plaist à Sad. Majesté aussi elle prohibera à

---

1. — Henri de Béarn avait été désigné comme gouverneur et amiral de Guyenne peu après la mort de son père, par lettres du roi sans date, qui ne furent enregistrées au parlement de Paris qu'après la paix d'Amboise, le 31 juillet 1563 (coll. du parlement, vol. 556, f. 143.)

ung nommé Montault[1] d'exercer la charge qui luy a esté baillée par led. s. de Monluc du gouvernement des haultes Lannes, comme il se verra par la coppie de l'expédition qui luy en a faiete, n'estant d'aucun besoing de pourveoir en ce quartier-là de ce nouvel estat, et quand, pour le service de Sa Majesté, il seroit nécessaire, led. s. prince de Navarre désireroit bien qu'il fust commis, pour commander en son absence, quelque gentilhomme expérimenté aux armes, qui sont partyes requises à une telle charge, desquelles néantmoings ne s'en trouvera pas une seule aud. Montault.

Quant au fait des garnisons, de Vendosme, Ham, la Fère, Lectoure, Rocquefort de Marsan[2] et autres villes appartenans à lad. dame, led. s. de Vaupillère est instruit de ce qu'il a à remonstrer et à poursuivre là-dessus, pour obtenir qu'il plaise à Sa Majesté remettre lesd. villes et autres, qui appartiennent à lad. dame, en pareille liberté qu'elles estoient auparavant les troubles, sans gouverneurs ny garnisons aucunes, affin que les auctoritez de lad. dame estant conservées, ses subjectz soubz l'obéissance de Sa Majesté soyent aussi supportez et soulagez.

Du VIIe de juillet 1568.

JEHANNE.

Outre le contenu en la présente instruction, led.

---

1. — Jean de Puységur, s. de Montaut Brassac, seigneur catholique, originaire de Chalosse, parent de Blaise de Monluc, prit part à l'invasion de la Navarre en 1569. Il est souvent cité dans les *Commentaires*.

2. — Vendôme (Loir-et-Cher), Ham (Somme), La Fère (Aisne), provenaient de la succession d'Antoine de Bourbon. Lectoure (Gers), Roquefort (Landes), appartenaient à la maison d'Albret.

s. de Vaupillère a eu charge et commandement de la royne de Navarre de dire et remonstrer de bouche à leurs Majestez, assavoir : sur le troysième article, auquel lad. dame faict remonstrance de ce qui est nécessaire pour le repos et transquillité de ce royaulme, qu'il plaise à leursd. Majestez user de mesme conseil et advis qu'il leur a pleu donner à lad. dame.

Sur les autres articles qui concernent Monsieur de Monluc, led. s. de Vaupillière a à remonstrer les actes et déportemens dud. s. de Monluc, qui sont : d'avoir mis les garnisons de sa propre auctorité, à Montignac le Comte et à Exideuil[1], où sont tous les papiers de lad. dame, mesmes ceulx qui concernent ses comté de Périgord et vicomté de Lymosin; d'avoir faict don à qui bon luy a semblé des biens des subjectz de leursd. Majestez et de lad. dame, et mesmes dud. s. de Vaupillière; iceulx d'ung auctorité royalle confisquez et de ce donné lettres patentes; outrepassant trop advantageusement les bournes et limites de sa charge, comme de ce apert par le double des despesches qu'il en a faictes; d'avoir saisi au s. de Rocques[2], maistre d'hostel de lad. dame, la somme de six mil livres tournois qu'il ne peult ravoir ne retirer; oultre les deniers qu'il a pris et exigez ès duchez d'Albret et terres de Montpaon et Sensac[3], et une infinité d'autres excès, qui se trouveront si on en veult faire recherche.

Sur le septiesme, led. s. de Vaupillière a à raporter

1. — Montignac, Exideuil (Charente).
2. — Jean de Secondat, s. de Roques. Voyez les *Mémoires*, p. 28.
3. — Montpaon (Aveyron). — Sansac (Cantal).

les lettres patentes qu'il a pleu au Roy décerner sur l'arrest de lad. court de Parlement de Bourdeaulx, affin de les faire réformer suyvant les mémoyres qui luy en ont esté baillez.

Sur le huictiesme, led. s. de Vaupillière, touchant les immunitez du comté de Foix, a charge de remontrer que le s. de Bellegarde y entreprend sans le consentement de lad. dame, faict plusieurs levées de deniers, et entre autres une de troys mil livres, pour le payement du cappitaine la Vougie et de sa compagnie, et est après pour faire le semblable pour plusieurs autres compagnyes. Remonstrera aussi le semblable pour le regard des comtez de Bigorre, vicomté de Marsan, Tursan, Gavardan et Nebousan, estans tenuz à mesmes privilèges que lad. comté de Foix et en déppendant.

Sur le dixiesme article, pour le regard du gouvernement auquel Monseigneur le prince de Navarre, en l'aage de quinze ans, désire, soubz le bon plaisir et auctorité du Roy, de commander, led. s. de Vaupillière a charge de supplier très humblement Sa Majesté de ne faire en cela moindre faveur que à Monsieur de Guyse[1], qui a eu pareille auctorité et permission pour le gouvernement de Champaigne, et demander à Mons. le comte de Lude[2], lequel desdaigne de se nommer gouverneur en l'absence de Mond. s. le Prince au pays de Poictou, qu'il ait doresnavant à respecter led. s. Prince, tant en ses tiltres que au faict de sa charge, recongnoissant led

---

1. — Henri de Lorraine, duc de Guise, alors âgé de dix sept ans.

2. — Guy de Daillon, deuxième comte du Lude, lieutenant de roi en Poitou sous le gouvernement du prince de Béarn, sénéchal d'Anjou, mort en 1585.

pays de Poictou estre compris aud. gouvernement de Guyenne.

Quant au dernier article, pour le regard des exemptions des garnisons, qui sont ès terres et maisons de lad. dame et de Mons. le Prince son filz, led. s. de Vaupillière a à remonstrer que Lectoure, Rocquefort de Marsan et villes qui sont en Périgort et Lymosin, ne sont places de frontières. Quant à Vendosme, qui est la principale maison de Mond. s. le Prince et en laquelle y a cinquante argouletz, qui ont faict infinyz maulx, dégastz et démolitions, jusques à enlever le plomb des gouttières et couvertures, et lesquelz, oultre ce qu'ilz sont soudoyez et nourryz par ceulx du pays, qui en sont taillez[1] pour cest effect, tant s'en fault qu'ilz en resentent aucune commodité et que ceulx du plat pays en soyent conservez, que au contraire ilz sont ordinairement pillez et rançonnez. Quant à la Fère, Ham et aultres lieulx de Picardye, ilz en sont sy excessivement chargez que impossible leur est de les pouvoir supporter; et d'autant plus que lesd. garnisons, despuis qu'elles sont ausd. lieulx, n'ont receus aucuns deniers. Qui faict que les pauvres habitans sont contrainctz d'abandonner leurs maisons, sinon qu'ilz leur administrent vivres et leur baillent argent pour les achepter, comme de ce appert par les certifications des cappitaines, qui sont ès mains d'aucuns leurs depputez, qui sont en ceste court, il y a troys moys, sans pouvoir avoir expédition.

Oultre le contenu cy-dessus, led. s. de Vaupillière a à supplier leurs Majestez commander que la compagnye de Monseigneur le Prince soit despartye ès

---

1. — *Taillez*, soumis à la taille.

villes de Condon, Mezin¹, Naugarro et aultres lieulx circonvoisins, comme elle estoit de ses prédécesseurs.

Et pour le regard des cappitaines Tilladet², Mauvesin³ et Castelnau⁴, qui ont faict plusieurs massacres volleries, viollemens de femmes et de filles et aultres exécrables excès, faictz et commis, troys ou quatre moys auparavant les derniers troubles, aux lieulx des Cabannes⁵ au comté de Foix et Cassaignacvere⁶ au vicomté de Nebousan, quand lesd. cappitaines et leurs soldats furent envoyez en Comminges pour la querelle des s. de Soulan⁷ et de Rocquemorel⁸; lad.

1. — Mezin (Lot-et-Garonne).

2. — Antoine de Cassagnet, s. de Tilladet, avait accompagné Blaise de Monluc dans le comté de Foix. Plus tard il devint gouverneur de Bordeaux et mourut en 1569.

3. — Michel de Castillon, s. de Mauvesin en Condomois, cité par Monluc comme un de ses lieutenants (*Commentaires*, t. IV, p. 315).

4. — Castelnau de Durban, chef de bandes catholiques. C'est lui qui força les Cabanes (voyez plus loin) et qui remit, le 26 mai 1567, les réformés qui s'y étaient réfugiés au capitaine Tilladet.

5. — Cabannes (Ariège), dans les montagnes, était le lieu de refuge des réformés de Pamiers.

6. — Cassaignabère (Haute-Garonne).

7. — Le s. de Solan, gentilhomme huguenot du comté de Foix, beau-frère de Michel d'Astarac, s. de Fonterailles, avait armé une troupe de bandouliers et faisait la guerre aux Roquemaurel « pour un oyseau, « dit Blaise de Monluc, que ledit Fonterailles et « Solan leur avoient prins d'audace. » (*Commentaires*, t. V, p. 78).

8. — Les Roquemaurel, dit Blaise de Monluc (*Commentaires*, t. V, p. 78), étaient deux frères. L'aîné avait été maréchal des logis du roi de Navarre. Le second fut surpris en sa maison par Solan et Fonterailles et assassiné avec sa femme et ses enfants (*ibid*).

dame supplie très humblement Sa Majesté, suyvant les plainctes et la requeste qui luy en fust faicte l'an passé, commander justice en estre faicte et ordonner commissaires pour cest effect telz qu'il plaira à Sad. Majesté, pourveu qu'ilz ne soyent de la court de Parlement de Tholose.

La responce que le Roy a ordonné estre faicte
aux Mémoires et Instructions
qui ont esté présentées a Sa Majesté
de la part de la Royne de Navarre par le s.
de la Vaupilière

Le roi approuve la reine de Navarre d'avoir pardonné à ses sujets rebelles. — Vif désir du roi de faire entretenir l'édit de pacification. — Le roi excuse le supplice de de Mesmes. — Les garnisons mises par Blaise de Monluc étaient nécessaires. — Il a été également mis des troupes dans certaines villes appartenant à la mère du roi, à ses frères et aux autres princes. — Le roi commande au parlement de Bordeaux d'envoyer deux conseillers en Soule en place du président la Ferrière. — Les mesures prises dans le comté de Foix ont été arrêtées au conseil. — La demande du prince de Navarre touchant son voyage en Guyenne sera soumise au chancelier. — La reine doit subir les lieutenants de roi dans les provinces du gouvernement de son fils. — Le duc de Guise est à la cour et non en Champagne. — Le roi désirerait que le prince de Béarn se rendit aussi à la cour. — Il donnera des ordres pour payer régulièrement les gens de guerre.

Sur le premier article,

Le Roy veult tousjours aymer la royne de Navarre, tant pour luy estre sy proche, que pour l'asseurance qu'il a de sa bonne vollonté qu'elle porte au bien de ses affaires; en quoy Sa Majesté désire qu'elle continue, comme elle a tousjours faict à son contentement.

Sur le deuxiesme,

Le dict seigneur Roy a entendu avecques grand plaisir que lad. dame royne de Navarre ayt mis fin aux troubles, qui estoient en son royaume, ayant faict acte de vertueuse et saige princesse, et qui ayme le bien de ses subgects, et la conservation de son auctorité; oultré ce qu'elle a faict congnoistre à Sa Majesté qu'elle a vollontiers suivy son conseil et advis, lequel aussy luy a esté donné par Sa dicte Majesté comme à celle qu'elle ayme et de laquelle elle désire veoir la prospérité et embrasser la protection de ce qui luy touche; s'asseurant aussy, le d. seigneur Roy, que la d. dame eust esté bien marrye de ne pouvoir tenir la promesse qu'elle a tousjours faicte à Sa Majesté, assavoir : de ne faire, donner ny souffrir qu'il feust faict et donné aucun trouble ou empeschement à ses subgects catholiques en leur religion, privillèges, ains de les laisser vivre suyvant leurs coustumes anciennes. En quoy Sa Majesté prie la d. dame de les voulloir maintenir et conserver, et recepvoir d'eulx l'obéissance qui luy est deue comme de ses bons et fidelles subgects et serviteurs.

Sur le troysiesme,

Sa Majesté a tant d'envye et sy bonne vollunté de maintenir la paix de son royaume par le moien de l'édict de pacyffication, que tout ce qu'elle a pensé pouvoir servir pour l'observation du d. édict, despuis qu'il a esté publié, elle l'a faict et exécuté.

Ayant mandé assez de foys à tous les gouverneurs de provinces et lieutenans généraux et à ses cours de Parlements, de faire chacun son debvoir en sa charge pour l'entretenement du d. édict, et pour chastier et punir ceulx qui y contreviendroient, affin de maintenir tout son royaume en transquillité et faire jouir ses subgects du fruict que Sa Majesté a tousjours espéré du d. édit, et congnoissant assez le mal que apporteroys ung autre commencement de troubles. Et pour ceste occasion a voullu se tenir aussy armé, comme elle a faict, et tous ses d. gouverneurs et lieutenans généraulx, pour avoir tant plus de moien de establir son édict de pacyffication et chastier les contrevenans à icelluy, tant d'un costé que d'autres; non pour avoir voullu engendrer aucun soubçon à ses subgects, desquels Sa Majesté peult avoir asseurance, pourveu qu'ils facent congnoistre n'avoir aucune deffiance de la bonne vollunté qu'elle a de leur entretenir ce quelle leur a promis. Estant très marry, Sa Majesté, de tant de meurtres, insolences qui se font en plusieurs endroicts de son royaume, tant par les ungs et les autres; lesquels elle veult faire très bien punir et chastier, ayant mandé par toutes ses courts de Parlements d'en faire la justice et leur debvoir; combien qu'il soit à craindre, après une si grande désobéissance que celle qui a esté en ce royaume durant les troubles derniers pour son malaise[1], que ung chacung ne se remette sy tost à faire ce qui est de son debvoir, comme Sa Majesté déseroit, et comme ceux de la Rochelle[2], qui

---

1. — Allusion à la maladie du roi en 1568. Voyez les *Mémoires*, p. 61.

2. — La ville de la Rochelle avait pris les armes pendant la dernière guerre et n'avait reçu l'édit de

n'ont aucunement satisfaict à son édict de paciffication. Lequel led. seigneur Roy a délibéré d'entretenir et faire bien garder par tous ses subjects, sans croire le conseil de ces perturbateurs du repos publicq, dont lad. dame le prye de se garder; ayant agréable l'advertissement qu'elle luy en donne, comme vray tesmoignage de la bonne vollunté et intention qu'elle porte au bien de ses affaires et de ce royaume.

Sur le quatriesme,

Encores qu'il y ayt des particuliers qui escripvent chose qui ne soye conforme à l'intention de Sa Majesté sur l'entretenement dud. édict, il ne fault pourtant entrer en desfiance de la bonne vollunté que a Sa Majesté à l'observation d'icelluy pour le regard de ces meurdres, il a esté pourveu, ainsy qu'il est dict au précédent article. Mais quant à celluy que le sieur de Monluc a faict exécuter, nommé le cappitaine Mesmes, Sa Majesté a entendu que le procès en a esté faict et jugé comme de l'ung des plus séditieux et rebelles du païs, Et quant aux gens du Poitou, elle n'en avoit encores esté advertie. Et sera escript audit s. de Monluc qu'il mande comme ce faict est passé. Touchant les garnisons que le sieur de Monluc a mises en aucunes villes de la Guyenne, c'est par le commandement de Sa Majesté, pour les occasions susdictes; ne doubtant pas, Sa Majsté, que durant ces troubles derniers, il ne ayt esté commys de faict beaucoup de choses à son très grand regret, de ce que led. sieur de la Vaupillière a remonstré

---

pacification de Longjumeau que comme une trève. La ville n'avait pas déposé les armes, avait continué ses fortifications et avait refusé de recevoir une garnison du roi. Voyez Arcère, *Hist. de la Rochelle*, t. I, p. 355 et suiv.

à Sadicte Majesté sur led. article, que le malleur du temps a permis d'estre faictes et l'édit de paciffication de les oublier et de ne s'en souvenir. Priant, le Roy, lad. dame de ne se lasser d'asseurer tous ses subgects, tant de l'ung que de l'autre religion, de sa bonne et pure intention à l'entretenement dud. édict, affin que ung chacun vive en paix et amitié soubz son obéissance.

Sur le cinquiesme,

Le Roy a telle asseurance de la bonne vollunté que la royne de Navarre porte au bien de son service et à la conservation de son auctorité, qu'elle ne trouvera jamais mauvais que led. seigneur Roy mette ou face mettre garnisons et forces ès lieux qui luy appartiendront, èsquels il sera nécessaire pour maintenir uu chacun en obéissance d'y mettre bon frein, comme Sad. Majesté a mis par toutes les villes et lieux qui appartiennent à la Royne, sa mère, et à Messeigneurs les ducs d'Anjou et d'Allençon, ses frères, et aultres princes et seigneurs de son royaume, où il a esté conseillé de ce faire pour contenir ung chacun en leur debvoir. Aussi Sad. Majesté ne veult qu'il en soit mis ès lieux où il se trouvera n'en estre de besoing. A ceste cause sera escript au s. de Monluc qu'il ayt à descharger de garnison ceulx desd. lieux nommés au présent article, où il verra n'estre besoing d'y en tenir pour le service de Sa Majesté; ce qu'il pourra trop mieulx juger que nul aultre, estant sur les lieux. Et luy en escript, Sa Majesté, une bonne lettre, affin qu'il ne face aucune faulte de satisfaire, suyvant la bonne vollunté et l'affection que Sa Majesté porte à lad. dame, royne de Navarre.

Sur le sixiesme,

Quant Sa Majesté ordonna que le président Laferrière iroit en la vicomté de Soulle, c'estoit en intention qu'il pourvoieroit à ce que seroit de justice sur toutes les plaintes qui luy seroient faictes. Et puis que ainsy est que lad. dame royne n'a esté satisffaicte, le Roy veult qu'il soit escript à ceulx de la court du Parlement de Bordeaulx, d'y anvoyer deux conseillers d'icelle pour y donner l'ordre nécessaire pour le service de Sa Majesté, de distribuer justice à ung chacun en toute égallité et sincérité.

Sur le septiesme,

Lad. déclaration a esté faicte par le conseil du Roy, après avoir meurement considéré ce qui s'y pouvoit faire. De quoy il semble que lad. dame royne de Navarre se doibt contenter, avecques asseurance de la bonne amytié et grande affection que Sa Majesté luy porte.

Sur le huictiesme,

Tout ainsy que le Roy n'a pas moindre vollunté et affection à lad. dame royne de Navarre, qu'il a tousjours eue, aussy veult Sadite Majesté la conserver et maintenir en tous ses droits et privillèges acoustumés. La requérant, Sad. Majesté, seullement de considérer que le malheur du temps et des calamités passées sont cause qu'il se faict beaucoup de choses par dure nécessité, pour empescher que le trouble ne revienne; lesquelles il fault que lad. dame, royne de Navarre, qui ayme le bien de ce royaume, excuse. Toutefois il sera mandé au s. de Bellegarde qu'il advertisse le Roy sur quelle occasion il veult mettre garnison èsd. villes du comté de Foix, pour après satisfaire à lad. dame royne sur ce qu'elle demande par le présent article.

Sur le neuviesme,

Led. article sera communicqué à Monsieur e

chancellier pour avoir son advis sur icelluy.
Sur le dixiesme,
Le Roy a pour agréable que lad. dame royne de Navarre pourveoie à ses affaires ainsy qu'elle voudra. Voullant que partout où elle passera et ira en son royaume et terres, qui sont soubs son obéissance, elle soyt respectée, honorée et receue ainsy que le mérite le lieu qu'elle tient, et le s. prince de Navarre son fils; lequel Sad. Majesté prie de voulloir que ceulx qui ont commandé jusques à présent en son absence en ce qui est de son gouvernement, le facent encores pour quelque temps, tant pour ce que les choses ne y sont sy bien pacyffiées et en sy bon estat que Sa Majesté vouldroit, et aussy pour la relever de tant de peine de soing; et de croire que le s. duc de Guise, qui a esté mis en avant par le s. de la Vaupillère, est icy près du Roy, ne se meslant d'aucune chose, et laisse du tout faire aux lieutenants généraulx, qui sont en son gouvernement. Et désireroit, Sad. Majesté, que led. s. et prince de Navarre feust près de sa personne pour luy tenir compagnie, ainsi que Sa Majesté luy a mandé par plusieurs foys. Voullant au reste que tous ceulx qui sont commandant au gouvernement dud. s. prince de Navarre luy rendent tout l'honneur qui luy appartient et qui luy est deu; mesme du comte de Ludde, auquel il sera escript ne prendre aucunes grandes villes qu'il n'en soit.

Sur le onziesme,
Sa Majesté a faict entendre aud. s. de Vaupillère comme il estoit nécessaire que Sa Majesté tint des forces ès lieux nommés au présent article. Lesquelles elle ordonnera estre paiées pour satisfaire à ce que les habitans des villes ont presté et advencé pour l'entretenement d'icelles.

III

La lettre suivante, dont le parti réformé fit grand bruit, est adressée au cardinal de Créqui par un de ces agents que les grands seigneurs entretenaient à la cour pour le soin de leurs affaires personnelles. Elle révèle le projet de surprendre à Noyers et à Tanlay les chefs de la Réforme. La lettre avait été surprise par les intéressés et ne fut pas le moindre des motifs qui les décidèrent, à la fin d'août 1568, à reprendre les armes.

La lettre est-elle authentique? A cette question nous ne pourrons rien répondre, si ce n'est qu'elle a les apparences de l'authenticité. Elle s'accorde en tout point avec ce que nous savons des tendances du roi et de la reine mère à la date d'août 1568. Cependant elle arriva si à propos pour la justification des réformés; elle complète si bien les plaintes qu'ils adressèrent au roi et aux souverains étrangers qu'il nous reste quelque doute.

Les réformés la publièrent pour convaincre les chefs catholiques de trahison et pour légitimer leur prise d'armes. Elle parut d'abord en feuille volante et fut répandue à profusion, imprimée ou manuscrite, dans les rangs de l'armée réformée à la fin de 1568. Plus tard, au milieu de 1570, après la paix de Saint-Ger-

main, elle fut réimprimée avec les *Mémoires de Jeanne d'Albret* dans *l'Histoire de nostre temps et dans l'Histoire de la troisième guerre civile de Jean de Serres*.

LETTRE ESCRIPTE PAR L'AGENT DU CARDINAL
DE CRÉQUY [1], ESTANT EN COUR, A SON MAISTRE

9 août 1568

Monseigneur, suivant ce que je vous ay faict entendre le premier de ce mois, j'espère avoir exécuté la charge qu'il vous a pleu me donner par deçà et avoir expédié le principal poinct de vos affaires dedans la sepmaine prochaine, pour le plus tard, et vous en porter bonnes nouvelles et la despesche que vous demandez. N'ayant peu, sitost comme vous m'avez commandé, y satisfaire, pour avoir esté cinq jours entiers à la suitte de la cour sans avoir peu trouver la Royne à propos pour luy parler et faire entendre le contenu en mon instruction, dont la maladie du Roy [2] en partie a esté cause. Et, d'autre part la cour

---

1. — Antoine de Créquy et de Canaples, évêque de Nantes puis d'Amiens, cardinal en 1565, mort le 5 juin 1574. C'était un prélat assez modéré, étranger aux intrigues de cour et résidant habituellement dans son diocèse.

2. — Sur la maladie du roi, voyez les *Mémoires de Jeanne d'Albret*, p. 61.

est si malaisée en ce lieu et si empeschée d'affaires et des continuels advertissemens qui viennent de toutes parts que les particuliers sont tenus en une merveilleuse longueur, premier que d'avoir expédition. Et ne doy vous céler, Monseigneur, que, sans la faveur et auctorité de celuy à qui vous escrivez six lignes de vostre main [1], je n'eusse eu encore si bonne ne si prompte response. Lequel, Monseigneur, il vous plaira remercier de la bonne façon, comme par la précédente je vous avoy escrit. Hier estant allé à l'heure de son disner pour trouver le moyen et l'occasion de luy parler de vos affaires (aussi qu'il estoit près de se mettre à table) il m'appela et print la peine de me dire le contenu de la despesche qui a esté faicte à monsieur le mareschal de Cossé [2] pour vous la faire scavoir; par laquelle leurs Majestés luy mandent de faire entendre aux principaux de la noblesse de Picardie, qui tiennent la nouvelle religion, et entre autres à aucuns qu'il me nomma, qui ne sont pas amys de vostre maison et que vous cognoissez, que le Roy les veut bien traicter, les maintenir en l'exercice de leur religion et leur faire paroistre qu'il les tient pour bons et loyaux subjects et serviteurs, et que seulement ce qu'il faict maintenant est pour asseurer son estat contre plusieurs rebelles et séditieux et insolents habitans des villes, pour par après remettre toutes choses en un repos et estat paisible

---

1. — L'agent désigne probablement ici le cardinal de Lorraine. Du moins le parti réformé crut reconnaitre le redouté cardinal et ce fut l'occasion de lui attribuer la conception primitive de la surprise de Noyers.

2. — Artus de Cossé Brissac, s. de Gonnor, frère cadet du maréchal de Brissac, gouverneur de la Picardie.

et favoriser la noblesse tant de l'une que de l'autre religion, qui est la principale force, la faisant vivre en union sous l'auctorité de ses édicts. Et pour cest effect doivent estre envoyées lettres missives pour bailler particulièrement à aucuns dont vous trouverez la liste cy-enclose.

Et, par ce qu'il se pourroit trouver aucuns bons subjects de Sa Majesté bien catholiques, lesquels n'estans avertis de la façon dont les choses se passent et entendans le contenu et créance desdictes lettres, pourroyent estre refroidis après avoir cogneu tant de diversité de langage et une telle longueur, ensemble le peu qu'ils avancent à faire service à leurs Majestez et avoir employé vie et biens pour leurs dicts services contre leurs ennemis et rebelles, il me chargea expressément de vous donner advis du fond de la dicte despesche et instruction de l'intention de leurs dictes Majestez pour le faire entendre à ceux que verrez estre besoin et qui le méritent et sont discrets : qui est que l'on donne bon ordre partout que la force demeure au Roy pour attrapper tous les principaux [1] et leur oster le moyen de s'assembler, affin que, les ayans rendus à ce poinct, comme par le règlement qui y est jà donné il sera aisé, on puisse exterminer entièrement une telle vermine ennemie de Dieu, du Roy et de l'Estat et n'en laisser un seul en ce royaume, qui en soit entaché; parce que ce seroit une semence pour renouveler ce mal si l'on ne suivoit ceste voye, dont nos voisins nous montrent de si beaux exemples. Et cependant

---

1. — Si la lettre est authentique, ce témoignage ne laisse aucun doute sur les intentions de la cour de surprendre les réformés à Noyers.

et attendant ce temps, qui ne peut estre plus long que de tout ce moys pour le plus [1], l'on a avisé par toutes les provinces de faire parler aux principaux et moins passionnez de la noblesse de ladicte religion pour seulement les contenir, amuser, endormir autant que faire ce pourra, comme desjà il s'en trouve qui y ont presté l'oreille. Et se commencent à asseurer et mesmes aucuns se viennent icy brusler à la chandele. Et encores on a eu autre bonne espérance qu'il y en a d'autres qui feront de mesmes, lesquels sont desjà esbranlez; ce qui fera indubitablement emporter bien tost, avec l'aide de Dieu, gain de cause et nous donner pleine victoire sans grande peine et résistance contre les ennemis de nostre foy; qui sont à peu près les mesmes termes, Monseigneur, dont ledict sieur m'a usé et que j'ay essayé de retenir pour le vous escrire à ce que vous soyez bien informé et à la vérité de l'estat auquel les choses se retrouvent.

Despuis, à l'après dinée, estant ledict sieur monté en sa chambre, il me fit appeler par son secrétaire pour me dire que le plus grand mal qu'il voyoit icy est qu'il y en avoit encores à la cour qui ne servoyent que de retarder tous les jours et empescher sous main les bonnes et secrettes entreprinses que l'on avait, longtemps a, résolu: y faisant trouver de la difficulté, quelque moyen et commodité que l'on ait. Desquels il se plaignoit fort et se résuloit [2] d'en parler plus librement à leurs Majestez qu'il n'avoit jamais faict, par ce que, sans leurs menées et dissi-

---

1. — La lettre précise même la date de la surprise et donne raison à toutes les plaintes des réformés.

2. — ..... *Se résuloit*, se résolvait.

mulations, il y a plus d'un moys que Dieu seroit desjà servi par tout ce royaume, et le Roy obéy et hors de la peine où il est. Mais il m'asseura qu'ils s'en alloyent fort descouverts et cogneuz d'un chascun, qu'on prenoit garde à leurs actions de plus près que jamais et qu'ils n'avoyent pas aujourdhuy le moyen; et m'a dict qu'il pensoit qu'ils s'appercevroyent bien tost. Et cogneuz bien qu'il estoit fort piqué d'un propos que, le jour précédent, le Roy avoit tenu à la Royne, qui avoit esté aporté, par lequel il prioit ladicte dame, presques à joinct s mains, de regarder tous les moyens de ne le point faire retourner à la guerre et d'entretenir la paix et l'édict, car autrement il verroit tout son royaume perdu et son peuple ruiné. Et sur ce que la Royne allégua la rebellion de ceux de la Rochelle, il respondit que, scelon qu'il avoit desjà esté bien instruict, ceux de la Rochelle ne demandoyent que d'estre conservez en leurs privilèges anciens et que ce qu'ils requéroyent n'estoit pas trop hors de raison et que pour le moins plustost il le leur falloit accorder pour ceste heure pour le bien de ce royaume que de r'entrer en guerre civile. Et quant à la noblesse il s'assuroit qu'elle vivroit en paix si on vouloit bien entretenir son édict, la priant finalement, de grande affection, de regarder à bien pacifier toutes choses. Ladicte dame dist que, avec tant d'autres gens de bien, elle n'a d'autre désir et intention que de réunir ce royaume où elle l'a veu du temps des roys François et Henry, ses pères et mary. Elle cogneut bien que c'estoit une partie dressée et depuis a si bien descouvert d'où cela estoit venu qu'elle n'en sçait guères de gré aux aucteurs et a d'auctant plus grande volonté, avec les gens de bien et bons catholiques, de bientost faire cognoistre au Roy et un chacun, que ce qui se conduit en ce faict n'est que pour le retirer hors de servitude, le rendre Roy absolu et nettoyer entièrement son royaume de la peste et de tous pestiférez; dont il est si infecté que, s'il n'y est à ce coup remédié, il ne se trouvera un tel moyen de le préserver du danger où il est, qui autrement est inévitable, et de le remettre en son premier estat et splendeur. Qui est en somme ce que ledict sieur me dist pour le vous faire entendre de sa part, afin d'en avertir ceux que trouverez en estre capables. Je ne veux faillir, Monseigneur, à vous dire que ce matin j'ay trouvé monsieur de Chaulnes[1] qui m'a chargé de vous présenter ses très-humbles recommandations à vostre bonne grâce. Je ne faudray, comme vous m'avez commandé, de vous tenir adverti de ce qui méritera vous estre escrit durant le séjour que je feray ici.

1. — Louis d'Ongnies, s. de Chaulnes, capitaine catholique, originaire de la Picardie, plusieurs fois cité par d'Aubigné.

IV

Les cinq lettres de Jeanne d'Albret qui suivent, au roi, à la reine mère, au duc d'Anjou, au cardinal de Bourbon et à la reine d'Angleterre, sont, avec la lettre de l'agent du cardinal de Créqui, les pièces justificatives ajoutées dans l'Histoire de nostre temps aux Mémoires de la reine de Navarre. Elles reproduisent les principales assertions des Mémoires, accusent le cardinal de Lorraine de tous les crimes et décernent aux réformés, partis en guerre, le brevet des plus fidèles, des seuls fidèles sujets du roi. On se demande si la princesse croyait à ce paradoxe, qu'elle soutenait avec autant de conviction apparente que d'éloquence.

La lettre au roi est un manifeste, une sorte de déclaration belliqueuse. La lettre à la reine mère rappelle des souvenirs qui devaient tenir au cœur de Catherine, et présenterait une grande valeur historique, si les révélations qu'elle contient ne figuraient pas avec plus de développement dans les Mémoires. La lettre au duc d'Anjou est un réquisitoire contre le cardinal de Lorraine, que l'on supposait être le conseiller le plus écouté du prince. La lettre au cardinal de Bourbon est une amplification oratoire semée d'apostrophes plus énergiques qu'équitables.

La lettre à la reine d'Angleterre, postérieure d'un mois aux quatre autres lettres, est un nouvel acte d'accusation contre le cardinal de Lorraine. Elle a pour but d'apitoyer la reine Elisabeth sur le sort des fidèles sujets du roi forcés de prendre les armes contre lui. L'original existe encore et est conservé à moitié brûlé au Bristish Museum (Caligula, E. VI) (Note de Brecquigny dans la coll. Moreau, vol. 718, f. 121.)

Ces cinq lettres ont été imprimées à part et répandues à profusion peu après la prise d'armes du 23 août 1568 pour la justification des réformés. Jeanne d'Albret rappelle cette publication dans un passage des Mémoires (p. 1 et ailleurs). Le père Lelong ne la mentionne pas, mais le département des imprimés de la Bibliothèque nationale en conserve un exemplaire sous la cote L b 33, n° 240. La singulière orthographe adoptée pour le nom de la princesse, Jane au lieu de Jehanne ou de Jeanne, de même que la forme des caractères, nous permet de supposer que l'exemplaire provient des presses anglaises. Peut-être l'impression fut-elle ordonnée par Chastelier Portaut, commandant de la flotte que la reine de Navarre, au mois d'octobre 1568, envoya en Angleterre. (Voyez la lettre adressée à la reine Elisabeth p. 219).

Lettres de la royne de Navarre au Roy, a la Royne, sa mère, a Monsieur, frère du Roy, a Monsieur le cardinal de Bourbon, son beau-frère, et a la royne d'Angleterre.

Au Roy

Monseigneur, lorsque j'ay receu vostre lettre par le s. de la Motte[1], j'estois desjà bien avant en chemin[2], ayant esté surprinse d'une telle mutation, toutesfois laquelle nous menaçoit despuis quelque temps que nous avons veu l'animosité de nos ennemis si desbordée que leur rage et passion a estouffé ceste espérance de repos par vostre édict de pacification[3]; lequel, Monseigneur, ayant esté non seule-

---

[1]. — La lettre du roi à Jeanne d'Albret est perdue mais celle du roi au prince Henri de Béarn a été publiée par M. Communay, *Les Huguenots en Béarn et Navarre*, p. 21. Nous avons analysé cette lettre dans les notes des *Mémoires*, p. 110.

[2]. — Jeanne d'Albret était déjà arrivée à Tonneins quand elle fut rejointe par le s. de la Mothe Fénelon avec les lettres du roi. Voyez les *Mémoires*, p. 110.

[3]. — Paix de Longjumeau, 23 mars 1568. L'édit de pacification est imprimé par Fontanon, t. IV, p. 289.

ment mal observé, mais du tout renversé par les inventions du cardinal de Lorraine; lequel, outre les promesses qu'il vous a toujours pleu donner à tous vos pouvres subjects de la religion réformée, par lettres aux Parlemens et d'autres particulières qu'il a escrites, comme j'en suis bon tesmoing pour la Guyenne, a toujours rendu les effets dudict édict vains et sans exécution, et, tenant les choses en suspens a tant faict faire de massacres, que se cuidant, par la patience que nous avons eu de ses estranges façons, hors de toute bride, a voulu passer outre, s'attachant aux Princes de vostre sang; comme l'exemple en est à la poursuite qu'il a faite de Monsieur le Prince, mon frère, lequel il a contrainct venir chercher secours parmy ses parens[1]. Et luy estant mon fils si proche et sy allié, nous n'avons peu moins, Monseigneur, que luy venir offrir ce que le sang et l'amitié nous commande. Nous sçavons assez vostre volonté; vous nous en avez trop asseurez de bouche et par escript, qui est que vous désirez tirer le service de nous, qu'avec toute fidélité, obéissance et révérence nous vous devons, et auquel ne voulons faillir pour la vie. Et sçavons davantage, Monseigneur, que vostre bonté et affection naturelle que nous portez, nous veut conserver et non pas ruiner. Doncques, si nous voyons tels efforts excécutez contre nous, qui sera celuy qui, sçachant bien que vous estes Roy très véritable et que vous nous avez promis le contraire, ne jugera que cela est faict sans vostre sçeu, et par l'accoustumée et de si longtemps expérimentée malice du cardinal de Lorraine. Je dy

---

1. — Allusion à la fuite de Noyers qui aurait été déterminée par les poursuites du cardinal de Lorraine contre le prince de Condé.

encore que nous ne le sceusions comme au vray nous faisons.

Je vous supplie donc très humblement, Monseigneur, trouver bon et prendre en bonne part que je sois partie de chez moy avec mon fils, en intention de servir à mon Dieu, à vous qui estes mon Roy souverain et à mon sang. Nous opposans, tant que nous aurons vie et biens, aux entreprinses de ceux qui, ouvertement et d'une effrontée malice, y veulent faire violence; et croire, Monseigneur, que les armes ne sont entre nos mains que pour ces trois choses-là empescher : qu'on ne nous rase de dessus la terre, comme il a esté comploté, et vous servir, et conserver les Princes de vostre sang. Pour mon particulier, Monseigneur, ledict cardinal a eu grand tort de vouloir changer vostre puissance et auctorité en violence, lorsqu'il m'a voulu faire ravir mon fils d'entre mes mains, pour le vous mener[1], comme si vostre simple commendement n'avoit assez de pouvoir sur luy et moy : que je vous supplie très humblement, Monseigneur, croire vous estre si très humbles et très obéissans serviteur et servante qu'égalant nostre fidélité à l'infidélité dudict cardinal et ses complices, je vous asseureray que, lorsqu'il vous plaira en faire l'essay et de l'un et de l'autre, vous trouverez plus de vérité en mes effets qu'en ses paroles, comme un gentilhomme que j'envoye vers Vos Majestez le vous dira, et Monsieur de la Motte, que je m'asseure s'en va satisfaict de mon intention; qui ne sera jamais autre, Monseigneur, que de mettre vie et biens pour la conservation de vostre grandeur et règne, que je

1. — Allusion à la prétendue tentative d'enlèvement du prince de Béarn par le s. de Losses. Voyez les *Mémoires*, p. 65.

supplie à Dieu remplir de sa bénédiction et vous donner, Monseigneur, très longue vie.

De Bergerac, le XVI de septembre 1568.

Votre très humble et très obéissante subjecte et tante.

JANE.

A LA ROYNE MÈRE

Madame, je commenceray ma lettre par une protestation devant Dieu et les hommes qu'il n'y a rien de plus entier que la dévotion que j'ay eue, ay et auray, au service de mon Dieu, mon Roy, ma patrie et mon sang. Toutes lesquelles choses ont faict ensemble une telle force en moy, que Monsieur de la Motte m'a desjà trouvée partie de mes maisons pour y venir offrir la vie, les biens et tous moyens; vous suppliant très humblement, Madame, si je suis trop longue en ma lettre, l'attribuer à la nécessité du temps, qui m'a tant donné de recharge sur charge, que je ne puis rien moins que vous esclaircir, et le plus briévement qu'il me sera possible, mon intention, vous ouvrant mon cœur, pour vous y faire lire le contraire de ce que je m'asseure que les ennemis de Dieu, du Roy, et par conséquent de ses fidèles subjects et serviteurs, tascheront de vous déguiser.

Je vous supplie encore très humblement, Madame, m'excuser si, pour venir atteindre où j'en suis réduicte, je commence au temps que ceux de la maison de Guyse se déclarèrent par leurs actes ennemis du repos public de ce Royaume, qui fut lors qu'ils pratiquèrent le feu Roy, mon mary, sous l'espérance de luy faire ravoir nostre Royaume [1].

1. — Il s'agit ici des revendications de la Navarre espagnole, qui furent le rêve d'Antoine de Bourbon

Vous scavez assez, Madame, quelles gens lors le menoyent, à mon grand regret, et j'oserois dire au vostre, comme j'avois en ce temps-là cest honneur de le sçavoir de vostre propre bouche. Je vous supplie très humblement vous remémorer quelle fidélité vous trouvastes en moy, qui, quand il fut question à bon escient de la conservation de ce Royaume, oubliay l'amitié du mary, et hazarday mes enfants. Car, quant aux biens, puisque le reste y alloit, je ne les veux mettre en comte. Je vous supplie encore très humblement, Madame, vous souvenir, au partir de Fontainebleau [1], des propos qu'il vous pleut me tenir et l'assurance que vous prinstes de moy, qui n'est changée de mon costé ne diminuée pour temps qui ait couru. S'il vous plait, Madame, il vous souviendra aussi que, estant arrivée en Vendomois, je receu de vos lettres et commandemens, auxquels fidèlement j'obéy. Je suyvray à ce que je fei en la Guyenne à mon arrivée et tout selon que j'avois cogneu vous estre aggréable, comme il vous pleut m'en asseurer par mon maître d'hôtel Roques. Sur cela, Madame, je perdy le feu roy, mon mary [2], qui m'a faict depuis communiquer aux afflictions de l'estat des vefves. Jà à Dieu ne plaise, Madame, puisque nous sommes maintenant à regarder le général, que je vous veuille ramentevoir les indignitez que particulièrement j'ay receues. Car je fais ceste seconde protestation, que le service de mon

---

et le chemin par lequel la politique astucieuse des Guises le ramena au parti catholique. Voyez les *Mémoires*, p. 5.

1. — *Au partir de Fontainebleau*, fin mars 1562. Voyez les *Mémoires*, p. 48.

2. — Mort d'Antoine de Bourbon, 17 novembre 1562.

Dieu, de mon Roy, l'amour de ma patrie et de mon sang, me remplit tellement le cœur, qu'il n'y a rien de vide pour recevoir quelque particulière passion qui me touche.

Doncques, Madame, je viendray aux derniers troubles [1], recommencez lors que le cardinal de Lorraine, avec ses adhérans, nous rendit en l'extrémité que vous, Madame, et un chascun sçait. Durant ce temps j'ay demeuré en mes pays inutile au service de vos Majestez pour ne pouvoir ce que je vouloy, ayant esté empêchée par la malice de ceux, lesquels, s'ils eussent peu, m'en eussent autant faict faire ceste fois. Madame, le sieur de la Motte, durant ce temps-là qu'il a fait deux voyages par vostre commandement devers moy, vous aura si bien rendu compte de mes actions que je n'en feray redite. Je viendray donc, Madame, au poinct où j'en suis, qui est que, voyant les édicts de mon Roy non seulement enfreincts par quelques occasions subjectes à excuses, mais totalement renversez, son auctorité desdaignée, ses promesses royales rompues, et le tout par l'astuce et cautelle damnable du cardinal de Lorraine : lequel, je ne vous puis mieux dépeindre que je scay (et puis dire que vrayement je le scay) que vous-mesmes le cognoissez. Ayant veu cela, Madame, par tant de tristes effets, comme les massacres, dont les plaintes ordinaires remplissent vos oreilles; par voir ceux qui, par l'édict de Pacification espéroyent le repos de leurs maisons, vagabonds par la France, sevrez de leur naturelle nourrice, les garnisons manger leur substance et, qui pis est, enflés de la patience qu'on a

---

1. — Seconde guerre civile, dite de la Saint-Michel, 29 septembre 1567.

de leurs cruautez barbares, attentent aux Princes du sang, branches de ce tronc, lequel ils veulent déraciner, lorsqu'ils l'auront dépouillé de ses dictes branches[1]. Ce n'est pas zelle de Religion, comme ils disent ; car, Dieu vous doint bonne vie, Madame, lors que vous fustes dernièrement si malade[2], vous scavez que Monsieur le cardinal, mon frère[3], n'estoit exempt de leur conspiration[4] ; toutesfois il est catholique. C'est donc ce sang de France qui leur fait si grand mal au cœur ; comme ils ont continué ver Monsieur le Prince, mon frère, et tous ses petis enfans, au secours duquel le sang appelle mon fils et moy ; et n'y voulons nullement faillir. Je ne veux oublier la charge de Monsieur de Losses contre mon fils, le tout par le tyrannique conseil dudict cardinal et ses complices.

Je scay bien, Madame, que ceux qui oyront lire

---

1. — Il y a ici une réminiscence des pamphlets publiés pendant le règne de François II. Les Guises se prétendaient ou laissaient dire autour d'eux qu'ils étaient issus de Charlemagne et étaient accusés d'aspirer au trône de France au détriment des Valois et des Bourbons.

2. — Au mois d'avril 1568, Catherine de Médicis fut atteinte d'une fièvre catarrhale, dont elle faillit mourir. Francis de Alava parle de cette maladie dans deux lettres, l'une du 30 avril, l'autre du 11 mai 1568 (Arch. nat., K. 1509, n° 66 et 86).

3. — Le cardinal Charles de Bourbon n'était pas le frère de Jeanne d'Albret, mais son beau-frère.

4. — Jeanne insinue ici que, si la reine mère était morte, le cardinal de Lorraine aurait fait égorger le roi, tous les princes, tous les Bourbons, y compris le cardinal de Bourbon. C'est là une des nombreuses assertions du parti réformé contre le cardinal de Lorraine qui ne comportent pas la moindre discussion. Voyez les *Mémoires*, p. 61.

ma lettre, diront que j'en ay prins le formulaire sur celles que de tous costez vous recevez, que cela ne vient de moy. Je vous supplie très humblement, Madame, croire que, du seul subject qui nous mène, nous de la religion réformée, ne peut sortir qu'une mesme façon de plaincte, et, d'une race si illustre que celle de Bourbon, tige de la fleur de lis, rien n'en peut venir que fidélité. Voilà, Madame, les trois poincts qui m'ont amenée : le service de mon Dieu; pour voir que ledict cardinal et ses complices, comme la chose est trop claire, veut raser de la terre tous ceux qui font profession de sa vraye religion. Le second, pour le service de mon Roy; pour employer vie et biens à ce que l'édict de pacification puisse estre observé selon sa volonté, et nostre patrie, ceste France, mère et nourrice de tant de gens de bien, ne puisse estre tarie pour laisser mourir ses enfans. Et le sang qui, comme je vous ay dict, Madame, nous appelle à aller offrir tous secours et aide à Monsieur le Prince, mon frère[1], que nous voyons évidemment chassé et poursuivy contre la volonté du Roy, qui luy en a tant promis d'asseurance, par la malignité de ceux qui ont desjà trop possédé la place qui ne leur appartient auprès de nostre Roy et vous, et qui ferment vos yeux à ne voir leur meschanceté et bouchent vos oreilles à n'ouyr nos plainctes. Que Dieu, Madame, par sa saincte grâce ouvrant l'un et desbouchant l'autre, vous puisse faire voir et ouyr de quelle dévotion et de quel zèle chascun de nous marche en la conservation des grandeurs de vos Majestez; ayant bien cogneu, Madame, par la lettre qu'il vous a pleu

---

1. — *Mon frère, c'est-à-dire mon beau-frère.*

m'escrire par le sieur de la Motte, comme on vous a animée contre nous.

Madame, j'envoye un gentilhomme avec ledict sieur de la Motte pour vous asseurer de tout ce que je vous escri, luy en ayant aussy bien au long communiqué et auquel particulièrement j'ay prié vous dire combien, outre les autres considérations, il est nécessaire pour la conservation de vostre auctorité de vous desjoindre de ceux qui vous y veulent nuire et pour cela veulent ruiner ceux qui désirent vous la garder. Cognoissez-nous bien tous et mettez différence entre les bons et les mauvais, et croyez de moy particulièrement, Madame, que je désire infiniment une bonne paix et si bien assurée que le dict cardinal de Lorraine et ses adhérans ne la puisse plus esbranler. A laquelle, si Dieu m'avoit faict ceste grace que d'y pouvoir servir, je m'estimeroye aussi heureuse que, de bonne volonté, j'y mettroy la vie et tout le reste.

Priant Dieu, Madame, etc.

De Bergerac, ce xvi de septembre 1568.

Vostre très humble et très obéissante subjecte et sœur,

JANE.

A Monsieur frère du Roy.

Monsieur, je sçay qu'après le Roy vous avez tel pouvoir[1], qu'à juste raison tous vos très humbles serviteurs, fidèles subjects de sa Majesté, ont l'œil tourné vers vous, afin qu'il vous plaise et à bon escient mettre la main à cest orage que nous voyons desjà trop souvent tomber sur ceste pauvre France par la malignité d'aucuns, qui ont toujours aspiré à l'accabler, désirans bastir leur grandeur et auctorité des pierres de la ruine de ceux qui, comme fermes piliers, la soustiennent. Je crain merveilleusement, Monsieur, que je n'auray tant d'heur que mes paroles puissent avoir lieu envers vous, estant détourné par le cardinal de Lorraine, que je sçay, tant qu'il pourra, empeschera que le Roy, la Royne et vous ne soyez fidèlement advertis des misères et calamitez qui troublent la France et tout par ses inventions, comme ses lettres semées en tant d'endroicts en font foy, qui ne tendent à autre chose qu'à faire rompre les édicts de Sa Majesté et massacrer tous ceux qui en désirent l'observation. Et sur tout en veut aux Princes de vostre sang, comme le dernier acte l'a monstré, qu'il a brassé pour attrapper Monsieur le Prince, mon frère, qui, pour n'estre le premier à rompre ceste paix, a mieux aimé se

1. — Aussitôt après la mort du connétable de Montmorency, le 12 novembre 1567, le duc d'Anjou avait été nommé lieutenant général du royaume.

retirer avec sa femme et petis enfans; avec cette cruauté d'un costé et pitié de l'autre, que je m'asseure, Monsieur, que, si la vérité vous pouvoit estre dépeinte comme elle est, vous en sentiriez en vostre cœur quelque chose d'avantage pour l'honneur qu'ils ont d'estre de votre sang. Qui a esté cause que, mon fils et moy, nous sommes mis en chemin pour, avec les moyens que Dieu nous a baillez, leur donner l'aide et faveur, à quoy la proximité nous convie; vous suppliant très humblement, Monsieur, croire qu'en quelque lieu que mon dict fils et moy nous soyons, nous y serons pour le service de Dieu et du Roy, auquel nous rendrons toute nostre vie le très humble service que nous luy devons, et à vous, Monsieur, auquel je présente mes très humbles recommendations. Et parce que le sieur de la Motte vous dira plus amplement toutes choses, je finiray ma lettre, suppliant Dieu qu'il vous doint, Monsieur, très heureuse et longue vie.

De Bergerac, le XVI de septembre 1568.

Votre très humble et très obéïssante tante,

JANE.

A Monsieur le Cardinal de Bourbon

Monsieur mon frère, le sieur de la Motte et un gentilhomme, que j'envoye avec luy, diront à leurs Majestés, comme aussi vous le pouvez voir par les lettres que je leur escri, les occasions si justes qui m'ont amenée où le dict sieur de la Motte m'a trouvée, en espérance de poursuivre mon voyage pour le service de leur Majestés; ausquelles il est temps, Monsieur mon frère, que, plus hardiment que vous n'avez faict, vous leur remonstrez vivement l'extrémité des malheurs de nostre France. Si tous les subjects du Roy y sont obligez, que devez-vous faire à qui l'honneur du sang est conjoint? Monsieur le cardinal de Lorraine vous tiendra-t-il toujours comme suffragans? Vous fera-t-il honte et outrage en la personne de vostre propre frère, sœurs et neveux, que vous ne vous en ressentiez? Si ce n'est au moins de nom, vos proches parens, et que vous ne vueillez prendre la querelle à l'occasion de la Religion, dont il se couvre faucement du zèle, souviene-vous des Vespres sicilienes, qu'il vouloit et ses complices faire lorsque la Royne fut dernièrement si malade. Vous en fustes esmeu pour une nuict et en perdites le dormir, et tout cela est allé en fumée. Il vous a emmiellé de belles parolles. Si vous estes séparé de religion d'avec nous, le sang se peut-il séparer pour cela? L'amitié et devoir de nature cessera-t-il pour ceste occasion? Non, Monsieur mon frère, je vous supplie, ressentez-vous de la poursuite faicte à nostre frère pour monstrer que mon fils s'en tient offensé et moy, pour recognoistre l'honneur de la maison ou j'ay esté mariée et celle que je veux tenir pour mienne propre. Nous luy allons offrir le devoir, observans très fidèlement, en tout et par tout, le service, obéissance et fidélité que nous devons à nostre Roy. Et par ce, Monsieur mon frère, que le mestier des femmes et de ceux qui ne manient point les armes, comme vous, est de pourchasser la paix, faictes de vostre costé que nous l'ayons bien assurée. Du mien, j'y employerai tout. Et croyez que trois choses nous mènent icy, mon fils et moy : Dieu, le Roy et nostre sang, ausquelles choses nous désirons servir. Le sieur de la Motte vous dira comme tout passe et je prieray Dieu, Monsieur mon frère, qu'il vous doint sa saincte grace, etc.

De Bergerac, ce XVI septembre 1568.

Vostre obéïssante et obligée sœur,

JANE.

A la Royne d'Angleterre.

Madame, outre le désir que j'ay eu toute ma vie de me continuer en vostre bonne grâce, il se présente aujourd'huy un subject qui me accuseroit grandement, si, par mes lettres, je ne vous faisoye entendre l'occasion qui m'a menée icy, avec les deux enfans qu'il a pleu à Dieu me prester. Et de tant plus seroit ma faute grande, qu'il a mis par sa grande bonté tant de grâces en vous et un tel zèle à l'avancement de sa gloire, que, pour vous avoir eslue l'une des Roynes nourrissières de son Eglise. C'est donc à juste raison, Madame, que tous ceux qui, liez en ceste cause, accompagnent vostre sainct désir, vous advertissent de ce qui se passe en ce faict.

Et de ma part, Madame, pour mon particulier, m'asseurant que du général vous en savez assez, je vous supplieray très humblement croire que trois choses, la moindre desquelles estoit assez suffisante, m'ont fait partir de mes Royaume et pays souverains. La première, la cause de la Religion, qui estoit en nostre France si opprimée et affligée par l'invétérée et plus que barbare tyrannie du cardinal de Lorraine, assisté par des gens de mesme honneur, que j'eusse eu honte que mon nom eust jamais esté nommé entre les fidèles, si, pour m'opposer à telle erreur et horreur, je n'eusse apporté tous les moyens que Dieu m'a donnez à ceste cause, et, mon fils et moy, nous joindre à une si saincte et grande compaignie de princes et seigneurs, qui, tous comme moy, et moy comme eux, avons résolu, sous la faveur de ce grand Dieu des armées, de n'espargner sang, vie, ni biens pour cest effect. La seconde chose, Madame, que la première tire après soy, est le service de nostre Roy, voyant que la ruine de l'Esglise est la siene et de ce Royaume, duquel nous sommes si estroictement obligez de conserver l'estat et grandeur. Et d'autant que, mon fils et moy, avons cest honneur d'en estre des plus proches, voylà, Madame, ce qui nous a faict haster de nous venir opposer à ceux qui, abusans de la grande bonté de nostre Roy, le font estre luy-mesme aucteur de sa perte, le rendant, encore qu'il soit le plus véritable prince du monde, faulseur de ses promesses par les inventions qu'ils ont trouvées de faire rompre l'édict de Pacification; lequel, comme demeurant en son entier, entretenoit la paix entre le Roy et ses subjects fidèles; et, rompu, convie la mesme fidélité desdicts subjects à une guerre trop pitoyable et tant forcée, qu'il n'y a nul de nous qui n'y ait esté tiré par violence.

La tierce chose, Madame, nous est particulière à mon fils et à moy : qui a esté que, voyant les ennemis de Dieu et anciens de nostre maison, avec une effrontée et tant pernicieuse malice, avoir délibéré, joignant la haine qu'ils portent à la cause générale avec celle dont ils ont tant monstré d'efforts contre nous, ruiner entièrement nostre race; voyant arriver monsieur le Prince de Condé, mon frère, qui, pour éviter l'entreprinse qu'on avoit faicte contre luy, fut contrainct, plustost que reprendre les armes, venir cercher lieu de seureté; je di, Madame, avec telle pitié qui accompagnoit la tendre jeunesse de ses petits princes et de leur mère grosse, que je ne saché bon cœur à qui ceste piteuse histoire ne face grand mal. De l'austre costé, j'estoi advertie que l'on avoit despesché pour me venir ravir mon fils d'entre les mains. Avec tels subjects nous n'avons peu moins que nous assembler, pour vivre ou mourir unis, comme le sang, qui nous a attirez jusqu'icy, nous y oblige.

Voylà, Madame, les trois occasions qui m'ont faict faire ce que j'ay faict et prendre les armes. Ce n'est point contre le ciel, Madame, comme disent ces bons Catholiques, que la poincte en est dressée et moins contre nostre Roy. Nous ne sommes, par la grace de Dieu, criminels de lèse-Majesté divine ni humaine. Nous sommes fidèles à nostre Dieu et à nostre Roy; ce que je vous supplie très humblement croire et nous vouloir toujours assister de vostre faveur; laquelle ce grand Dieu vous vueille recognoistre, vous augmentant ses sainctes graces avec conservation de vos estats, et qu'il vous plaise, Madame, recevoir icy les très humbles recommandations de la mère et des enfans, qui désireroyent infiniement avoir le moyen de vous faire service. Et parce, Madame, que le sieur du Chastelier [1], lieu-

---

1. — Chastelier Portaut, seigneur de la Tour, capitaine huguenot, connu par l'assassinat de Charry, fut envoyé au mois d'octobre 1568 en Angleterre, avec une flotte de neuf vaisseaux pour demander du secours et des munitions (Aubigné, *Histoire universelle*, t. III, p. 62, édit. de la société de l'hist. de France). Le comte de la Ferrière a publié une lettre de ce capitaine à Throckmorton, en date du 3 sept. 1568, qui peut être considérée comme le prélude de sa mission. (*Le XVI⁰ siècle et les Valois*, p. 215). Chastelier Portaut fut tué à la bataille de Jarnac.

tenant général en l'armée des mers, s'en allant là, aura toujours affaire de vostre faveur, l'ayant prié de présenter mes lettres, je prendray la hardiesse de le vous recommander.

De la Rochelle, ce XV jour d'Oct. 1568.

De par vostre très humble et obéissante sœur,

JANE.

TABLES

TABLE ANALYTIQUE

Admiral (Monsieur l'), voyez *Coligny*.

Agen, surveillé de près par Monluc, p. 106.

Albret (Maison d'). Sa fidélité traditionnelle au roi de France, 98.

Albret (Duché d'), surveillé de près par Monluc, 106.

Allemagne (Querelle d'), vieux dicton, 8.

Amboise, résidence des enfants de France, 24.

Amorotz (Jean d'), député du pays de Mixe à Jeanne d'Albret, 154.

Andelot (François de Chastillon, s. d'), menacé par Martigues à Laval, 67. — Passe la Loire malgré Martigues, 103.

Anjou (Monsieur d'), voyez *Henri de Valois*.

Aphat Ospital, commanderie de Malte, mise sous séquestre par Jeanne d'Albret, 162.

Antoine de Bourbon, roi de Navarre, mari de Jeanne d'Albret, quitte la Réforme, 3. — Trompé par les Guises au sujet de la restitution de la Navarre, 5. — Menacé de mort par les Guises, 7. — Comment il esquive les menaces du roi, 9. — Ses paroles au s. de Ranty et son courage en marchant au guet-apens qui lui est tendu dans le cabinet du roi, 10. — Reproche au cardinal de Lorraine de chercher à le tromper, 14. — Sentiments religieux de ce prince à sa mort, 14. — Réconcilié avec les Guises par la duchesse de Guise, 15. — Espionné secrètement par la reine mère, 17. — Défend à sa femme de passer à Orléans, 22. — Promet au cardinal de Lorraine de faire emprisonner Jeanne d'Albret, 25. — Commande à Jeanne d'Albret de s'arrêter à Vendome, 25. — Envoie le secrétaire Bologne à Pau, 29. — Sa mort, 30. — Passe au parti des Guises, 209. — Rappel de sa mort, 210.

Armaignac (comté d'), surveillé de près par Monluc, 106.

Armendaritz (Jean d'), seigneur catholique, 158.

— Fait prisonnier par ordre de Jeanne d'Albret, 158. — Poursuivi et acquitté, 159. — Ennemi des ministres réformés, 159. — Signe la protestation des gentilshommes catholiques de la Basse Navarre, 164.

Artieda (Jean de Beaumont Navarre, s. d') signe la protestation des seigneurs catholiques de la Basse Navarre, 164.

Basse Navarre (Les Gentilshommes de la) publient un manifeste contre la reine de Navarre, 150.

Bayonne, choisi par la reine mère pour son entrevue avec le roi d'Espagne, 36. — Négociations secrètes des rois de France et d'Espagne, 37.

Béarn. Rébellion des catholiques contre Jeanne d'Albret, 50.

Béarn (Etats de) tenus au mépris des droits des gentilshommes catholiques de la Basse Navarre, 161.

Beauvais (Louis de Goulard, s. de), maître de la garde-robe du prince de Béarn, choisi comme intermédiaire entre ce prince et Jeanne d'Albret, 22.

Belesbat (Michel de Hurault, s. de Fay et de), maître des requêtes du roi, envoyé par Catherine à Jeanne d'Albret, 20.

Bellegarde (Roger de Saint-Lary, s. de), met, de son autorité privée, des garnisons dans les villes principales du comté de Foix, 178, 183.

Bellac en Béarn. Destruction des images catholiques, 163.

Bergerac. Lieu de passage de Jeanne d'Albret, 116.

Beyrie, près Lescar, fief appartenant au s. de Luxe, 157.

Bèze (Théodore de), envoyé par Condé et par Coligny à Jeanne d'Albret à Olivet, 23.

Bigorre (comté de), dépouillé de ses immunités par Bellegarde, 183.

Biron (Armand de Gontaut, s. de), proposé par Jeanne d'Albret pour accompagner le prince de Béarn en Guyenne, 63.

Bladre, voyez *Brodeau*.

Boloigne (Jean Lescrivain, dit), envoyé par Antoine de Bourbon en Béarn, 29. — Emprisonné par ordre de Jeanne d'Albret, 30.

Bouchavannes (Antoine de Bayancourt, s. de), intermédiaire entre la reine mère et le prince de Condé, 20.

Bourbon (Maison de). Sa fidélité au roi, 98.

Bourbon (Charles de), cardinal, menacé de mort par le cardinal de Lorraine, 61 et 212. — Trompé et subjugué par le cardinal de Lorraine, 217. — Terrifié par les menaces du cardinal de Lorraine contre sa vie, 217.

Bourdaisière (Jean Babou de la), gouverneur des enfants de France, 24.

Brandon, voyez Brodeau.

Bricquemault (François de) rejoint Jeanne d'Albret à Mucidan, 117.

Brodeau (Victor), s. de la Chassetiere, envoyé par Jeanne d'Albret au prince de Condé à la prière de la reine mère, 21. — Devient maitre d'hôtel du duc de Longueville, 21. — Choisi comme intermédiaire entre la reine mère et Jeanne, 22. — Renvoyé par Jeanne d'Albret à la reine mère, 25.

Burie (Charles de Coucy, s. de), négocie avec Jeanne d'Albret, 26. — Se sépare de Monluc, 27.

Cabannes (Ariège), lieu de refuge des réformés, forcé par les capitaines catholiques, 185.

Cars (des), voyez Escars.

Castelnau de Durban, capitaine catholique, commet de graves excès dans le comté de Foix, 185.

Candale (Henri de Foix, s. de), proposé par Jeanne d'Albret pour accompagner le prince de Béarn en Guyenne, 63.

Catherine de Médicis fait avertir Antoine de Bourbon d'une tentative dirigée contre sa vie, 9. — Ses confidences à Jeanne d'Albret en 1562, 15. — Se rend à Paris pour obliger le parlement à enregistrer l'édit de janvier, 16. — Favorable à la réforme, 17. — Fait faire des ouvertures sur les cabinets d'Antoine de Bourbon et sur la chambre du cardinal de Tournon, 17. — Ses tergiversations à Fontainebleau, 18. — Encouragée par Jeanne d'Albret, 19. — Apprend l'organisation du triumvirat, 20. — Fait savoir à Jeanne d'Albret que le roi et elle ne sont pas libres, 21. — Commande à Jeanne d'Albret de prier le prince de Condé de déposer les armes, 23. — Autorise secrètement Jeanne d'Albret à faire enlever François de Valois et la princesse Marguerite à Amboise, 24. — Se plaint à Jeanne d'Albret d'Antoine de Bourbon, 28. — Sa discussion avec le roi au sujet de la reprise de la guerre civile, 201. — Sa faveur pour Jeanne d'Albret en 1562, 210. — Rappel de son départ de Fontainebleau, 210. — Rappel de sa maladie, 212.

Caumont (François Nompar de) cité par Jeanne d'Albret en témoignage de ses intentions pacifiques en 1562, 27. — Proposé par Jeanne d'Albret pour accompagner le prince de Béarn en Guyenne, 63. — Visite Jeanne d'Albret à Nérac, 70.

Cassaignabère (Haute-Garonne), théâtre des excès des capitaines catholiques, 185.

Caver, creuser, 82.

Charles IX, roi de France, prisonnier du Triumvirat, 21. — Ramené de force de Fontainebleau à Paris, 21. — Tombe malade à Meulan, 61. — Ordonne au parlement de Toulouse de saisir les biens de Jeanne d'Albret, 112. — Envoie le président la Ferrière en Soule, 176. — Approuve Jeanne d'Albret d'avoir pardonné aux rebelles de la Basse Navarre, 188. — Proteste de son désir de maintenir la paix, 189. — Sa maladie, 189. — Excuse le supplice du capitaine Mesmes, 190. — Maintient son droit de mettre garnison dans toutes les villes du royaume, 191. — Explique la mission du président la Ferrière en Soule, 192. — Demandera compte à Bellegarde de ses faits et gestes en Ariège, 192. — Veut que la reine de Navarre et son fils soient obéis par tout le royaume, 193. — Supplie la reine mère d'empêcher le retour de la guerre civile, 201.

Chastelier Portaut, capitaine protestant, envoyé en Angleterre, 221.

Chastillon (les trois frères). Leurs efforts pour empêcher la reprise de la guerre civile en 1567, 46.

Chaulnes (Louis d'Ongnies, s. de) présente ses hommages au cardinal de Créquy, 202.

Chaux (Antonin de) signe la protestation des seigneurs catholiques de la Basse Navarre, 164.

Clèves (Marie de), voyez *Nevers*.

Cognac ferme ses portes au prince de Condé, 119.

Coligny (Gaspard de Chastillon, s. de), amiral de France, menacé par Tavannes à Tanlay, 67. — Ses remontrances au roi, 75. — Il envoie Teligny à la cour, 76. — S'enfuit de Tanlay, 77. — Accusé par le roi de retenir prisonnier le prince de Condé, 110. — Arrive à Saintes, 116.

Comminges, comté troublé par les violences

des capitaines catholiques, 185.

Condé (Louis de Bourbon, prince de), prisonnier à Orléans, 7. — Ses efforts pour empêcher la reprise de la guerre civile en 1567, 46. — Envoie un gentilhomme à Jeanne d'Albret pour l'informer de la prise d'armes de la Saint-Michel, 25 septembre 1567, 51. — Menacé par Tavannes à Noyers, 66. — Ses remontrances au roi, 75. — S'enfuit de Noyers, 77. — Rappel de son emprisonnement à Orléans, 100. — Rappel de sa fuite à Noyers, 100. — Récit de la fuite de Noyers, 102. — Arrive à Saintes, 116. — Envoie Bricquemault à Jeanne d'Albret, 117. — Rejoint Jeanne d'Albret près d'Archiac, 119. — Aime Mademoiselle de Limeuil, 137. — Rappel de sa fuite de Noyers, 206. — Menacé dans sa vie par le cardinal de Lorraine, 212.

Condom (Gers) surveillé de près par Monluc, 106. — Lieu de garnison de la compagnie du prince de Béarn, 185.

Connétable, voyez *Montmorency (Anne de)*.

Coquilles (vendre ses), colporter des mensonges, 101.

Cossé Brissac (Artus de), maréchal de France. Instruction du roi à lui adressée relativement à la noblesse de Picardie, 198.

Créquy (Antoine de), cardinal, est informé du coup de Noyers, 73. — Lettre à lui écrite par un de ses agents à la cour, 197.

Domesain (Valentin de) s'oppose à la célébration d'un baptême réformé à Saint-Palais, 152. — Son voyage auprès de Blaise de Monluc, 157. — Tentative d'assassinat dirigée contre lui, 157. — Signe la protestation des seigneurs catholiques de la Basse Navarre, 164.

Du Bellay (Joachim) loue Jeanne d'Albret dans ses vers, 129. — Est loué par elle, 129, et suiv.

Duc (Monsieur le), voyez *François de Valois*.

Duras (Symphorien de Durfort, s. de), chef du parti réformé en Guyenne, 27.

Elisabeth, reine d'Angleterre, appelée par Jeanne d'Albret au secours du parti réformé, 219.

Ergo, ergotage, 84.

Escars (François d') favori d'Antoine de Bourbon, vendu aux Guises, 24. — Laisse passer Jeanne d'Albret sans essayer de l'arrêter au passage, 118. — Sa lâcheté malgré les conseils de Monluc, 118.

Escars (Charles d'), évêque de Poitiers, dispute avec le théologien Salignac, 144.

Esparça (Jean d') signe la protestation des seigneurs catholiques de la Basse Navarre, 164.

Estanconner, étayer.

Estienne (Henri) reçoit Jeanne d'Albret dans son imprimerie, 139. — Lui dédie un sonnet, 140.

Estranger (L') désigne Philippe II, roi d'Espagne, 86.

Etchard (Jean d') et autres officiers envoyés par Jeanne d'Albret en Basse Navarre, 151.

Etchaux (Antoine d'), voyez *Chaux (Antonin de)*.

Exideuil (Charente), occupé par les garnisons de Monluc, 182.

Eyheralarre au pays de Cize, en Basse Navarre, lieu de réunion des seigneurs catholiques, 164.

Eymet (Dordogne), prise d'assaut par le cortège de Jeanne d'Albret, 116.

Ferrare (duchesse de), voyez *Renée de France*.

Foix, comté de l'apanage de Jeanne d'Albret, désolé par le parlement de Toulouse, 38. — Est exempté, de temps immémorial, de toute garnison, 178. — Victime des exactions de Bellegarde, 183.

Fonterailles (Michel d'Astarac, s. de) rejoint Jeanne d'Albret à Tonneins, 115.

Fort l'Evêque, prison de Paris, 44.

François II, roi de France, résolu d'assassiner Antoine de Bourbon. 8.

François de Valois, dernier fils de Catherine de Médicis, élevé à Amboise, 24.

Garris, près Saint-Palais, assiégé et pris par les seigneurs catholiques de la Basse Navarre, 160.

Gavardan (vicomté de) dépouillé de ses immunités par les officiers du roi, 183.

Gentilshommes, surnom donné aux pourceaux parce qu'ils sont vêtus de soie, 118.

Gondrin (Bertrand de Pardaillan, s. de la Mothe), un des complices de Blaise de Monluc, 172.

Gramont (Antoine d'Aster, s. de) reçoit de Jeanne d'Albret le conseil

— 231 —

de prendre les armes, 51.

Gramont (Antoine de), lieutenant général de Jeanne d'Albret, introduit la réforme en Basse Navarre, 150.

Guise (Maison de) vise à la couronne de France, 99.

Guise (François de Lorraine, duc de) aide son frère, le cardinal de Lorraine, à séduire et à tromper Antoine de Bourbon, 6. — Projette de l'assassiner, 7. — Blâme la pusillanimité du roi, 11.

Guise (Anne d'Este, duchesse de) réconcilie Antoine de Bourbon avec le duc de Guise, 15. — Accompagne la cour au voyage de Lyon, 35. — Mariée au duc de Nemours malgré les protestations de Françoise de Rohan, 41.

Guise (Henri de Lorraine, duc de) jouit d'une autorité illimitée en Champagne, 183. — Séjourne auprès du roi à la cour, 193.

Henri de Valois, duc d'Anjou, plus tard Henri III, séduit et trompé par le cardinal de Lorraine, 215. — Lettre de Jeanne d'Albret à lui adressée, 215.

Henri de Béarn, fils de Jeanne d'Albret, reste fidèle à la réforme, 4. — Traité d'imbécile par un pamphlet catholique, 94. — Réputé prisonnier des réformés, 113. — Sa réponse piquante à la Mothe Fénelon, 114. — Accuse le cardinal de Lorraine d'être l'artisan de la guerre civile, 115. — Commence ses premières armes sous le commandement de son oncle le prince de Condé, 119. — Vient en Basse Navarre avec des troupes, 160. — Doit accompagner Jeanne d'Albret dans son voyage en Guyenne, 180, 183. — Convoqué à la cour par le roi, 193. — Pourquoi il rejoint le prince de Condé à la Rochelle, 206. — Rappel de la tentative d'enlèvement de ce prince par Losses, 207.

Haleiner, au figuré approcher.

Ham (Somme), occupé par les garnisons du roi, 181.

Hart (Gabriel du), voyez *Uhart (Gabriel d')*.

Henri II, d'Albret, roi de Navarre, cité, 158.

Irrissarry, commanderie de Malte, mise sous séquestre par Jeanne d'Albret, 162.

Janvier (édit de) 1562,

promulgué à Paris par le parlement, 16.

Jarnac (Guy de Chabot, s. de), proposé par Jeanne d'Albret pour accompagner le prince de Béarn en Guyenne, 63.

Jeanne d'Albret écrit au roi, au duc d'Anjou, à Catherine de Médicis, au cardinal de Bourbon, à la reine d'Angleterre, 1. — Pourquoi elle écrit ses Mémoires, 2. — Embrasse la réforme, 2. — Regrette l'abjuration de son mari, 3. — Chassée de la cour par les Guises, 13. — Reçoit les confidences de Catherine de Médicis à Saint-Germain, 15. — Encourage la reine mère à quitter la cour et à se rendre à Orléans, 19. — Tombe malade à la cour, 20. — Chassée de la cour par Antoine de Bourbon, 21. — Fait ses adieux au roi et à tous les princes à Fontainebleau, 22. — Passe à Olivet (Loiret), 23. — Arrive à Vendôme, 23. — Renvoie Brodeau à la reine mère, 23. — Autorisée par Antoine de Bourbon à se retirer en Béarn, 25. — Passe à Châtelleraut et à Caumont, 25. — Tombe malade à Caumont, 26. — Négocie la paix avec Burie et Monluc, 26. — Se retire à Nérac, puis en Béarn, 29. — Fait emprisonner le secrétaire Boloigne, 30. — Invitée par la reine mère à rejoindre la cour à Lyon, 30. — Se plaint de Blaise de Monluc, 31. — Rejoint la cour à Roussillon (ou à Mâcon), 31. — Aventure de la lettre surprise par la chienne de Jeanne d'Albret, 32. — Jeanne rapporte cette lettre à la reine mère, 34. — Part pour Vendôme, 36. — Rejoint la cour à Moulins, 38. — Suit la cour à Paris, 38. — Proteste vainement contre l'immixtion du parlement de Toulouse dans les troubles du comté de Foix, 38. — Accusée d'avoir voulu faire assassiner la reine mère, 42. — Accusée d'avoir voulu faire enlever Henri de Valois, 42. — Retire son fils de la cour, 45. — Ignorait alors la prochaine reprise de la guerre civile, 46. — Pourquoi elle est venue à la Rochelle, 49. — Visite son comté de Foix, 51. — Retourne en Béarn, 52. — Ecrit à la reine mère dans un sens pacifique, 52. — Ne cesse, pendant le cours de la seconde guerre civile, de prêcher la paix, 55. — Refuse d'aller à la cour, 56. — Choisie par la reine mère pour arbitre entre les huguenots et les catholiques, 58. — Pardonne à ses sujets révoltés, 59. — Propose au roi d'envoyer le prince de Béarn en tournée en Guyenne, 63. — Dépiste l'entreprise du

s. de Losses, 66. — Son dévouement à son beau-frère, le prince de Condé, 69. — Retourne à Nérac, 70. — Se plaint de la tentative de de Losses, 70. — Ses incertitudes sur le parti à prendre, 72. — Passe quinze ou vingt jours à Nérac, 74. — Envoie consulter Condé et Coligny, 77. — Se résout à rejoindre les réformés à la Rochelle, 79, 80. — Se plaint des serviteurs qui l'ont trahie, 81. — Confie ses états au s. d'Arros, 87. — Ses délibérations avec sa conscience, 88. — Inquiète du sort de son fils, 90. — Répond à un pamphlet publié contre elle, 91. — Repousse l'accusation d'imbécillité, 92. — Se loue des bons serviteurs que le parti catholique n'a pu débaucher, 96. — Est avertie de la fuite de Noyers, 107. — Envoie visiter Monluc par un de ses gens, 108. — Part de Nérac pour la Rochelle, 108. — Couche à Casteljaloux, 108. — Couche à Tonneins, 110. — Réputée prisonnière des réformés, 113. — Séjourne à Tonneins, 115. — Passe à la Sauvetat et à Bergerac, 116. — Prend Eymet, 116. — Ecrit au roi, à la reine, à Monsieur, etc., 117. — Passe à Mucidan, 117, 119. — Passe à Aubeterre, à Barbezieux, à Archiac, 119. — Se rencontre avec le prince de Condé, 119. — Remet son fils entre les mains de son oncle, 119. — Sa joie aux premières armes de son fils, 120. — Reste seule à la Rochelle, 120. — Proteste de sa véridicité, 120. — Répond en vers à Joachim du Bellay, 129 et suiv. — Ecrit une chanson sur les amours du prince de Condé et Mademoiselle de Limeuil, 137. — Visite à l'imprimerie de Henri Etienne, 139. — Improvise un quatrain, 139. — Ecrit un sonnet sur la dispute de Charles d'Escars et de Salignac, 144. — Ajourne indéfiniment les états de Béarn, 151. — Envoie quelques officiers en Basse Navarre, 151. — Impose de force l'exercice de la réforme à la ville de Saint-Palais, 153. — Y envoie le capitaine La Lanne, 154. — Saisit deux commanderies de Malte en Basse Navarre, 162. — Veut détruire le catholicisme en Béarn, 163. — Fonde un collège huguenot à Orthez, 163. — Envoie au roi en mémoire sur l'observation de l'édit de pacification et sur le gouvernement de Guyenne, 167. — Pardonne avec empressement aux révoltés de la Basse Navarre, 169. — Supplie le roi de faire exécuter réellement les édits de pacification en Guyenne et en Languedoc, 171. — Se plaint des empiètements de Blaise de Monluc, 173. — Proteste contre les prétentions de ce capitaine, 175. — Demande au roi justice des révoltés du pays de Soule, 176. — Proteste contre l'arrêt du parlement de Bordeaux dirigé contre elle, 177. — Défend à ses sujets, du comté de Foix, d'obéir aux ordres du capitaine Bellegarde, 178. — Prie le roi d'envoyer des prévots de justice dans le comté de Foix pour y rétablir la paix publique, 179. — Désire faire la tournée de ses états et apanages en compagnie de son fils, 180. — Demande à être escortée par certains seigneurs, 180. — Proteste contre la nomination du s. de Montant Brassac, gouverneur dans les Landes, 181. — Proteste contre les garnisons imposées aux villes de Vendôme, Ham, La Fère, Lectoure, Roquefort de Marsan et autres, 181. — Sa lettre au roi, 205. — Pourquoi elle est venue à la Rochelle, 207. — Sa lettre à la reine mère, 209. — Passe en Vendomois et se rend en Guyenne, 210. — Dénonce le cardinal de Lorraine à la reine, 211. — Envoie un gentilhomme avec la Mothe Fénelon à la reine, 214. — Sa lettre au duc d'Anjou, 215. — Elle lui signale le cardinal de Lorraine comme le plus perfide de ses conseillers, 215. — Proteste de son dévouement, 216. — Sa lettre au cardinal de Bourbon, 217. — Elle lui conseille de faire tous ses efforts en faveur de la paix, 218. — Sa lettre à la reine d'Angleterre, 219. — Elle explique son départ du Béarn, 219. — Elle excuse la reprise de la guerre civile, 220.

La Fère (Aisne) occupé par les garnisons du roi, 181.

La Ferrière (Louis Goyet de) est envoyé par le roi en Soule, 175. — Publie l'édit de pacification, 176. — Récit de sa mission en Soule, 177.

La Lanne (Jean de), capitaine, envoyé par Jeanne d'Albret en Basse Navarre, 154. — Mieux reçu qu'il ne méritait, 155.

La Mothe Fénelon (Bertrand de Salignac, s. de) est envoyé par la reine en Béarn pour négocier la réconciliation de Jeanne d'Albret avec ses sujets révoltés, 54. — Sa seconde mission en Béarn, 56. — Tâche d'attirer Jeanne d'Albret à la cour, 56. — Certifie à Jeanne d'Albret la faveur du roi, 63. — Revient auprès de Jeanne d'Albret, 110. — Accuse Coligny de retenir prisonnier le prince de Condé, 110. — Presse Jeanne d'Albret de se rendre à la cour, 111. — Accompagne Jeanne d'Albret à Tonneins, à Bergerac, à Eymet, etc., 116. — Rappel de sa mission dans la protestation de Jeanne d'Albret, 168. — Rappel de sa seconde mission en Béarn, 205.

La Rochelle (ville de) se met en révolte, 189. — Demande le maintien de ses privilèges, 201.

L'Aubespine (Claude de), secrétaire d'état, chargé des affaires d'Espagne, 34.

La Vougie, capitaine catholique, un des officiers de Bellegarde dans le comté de Foix, 183.

Lauzun (François Nompar de Caumont, s. de) proposé par Jeanne d'Albret pour accompagner le prince de Béarn en Guyenne, 63.

Laxague, château en Soule, appartenant au s. de Luxe, 156.

Lectoure (Gers), surveillé de près par Monluc, 106. — Occupé par les garnisons du roi, 181.

Lescar (Basses-Pyrénées), destruction des images catholiques, 163.

Limeuil (Isabelle de) aimée du prince de Condé, 137.

Longjumeau (traité de), accepté à Paris, repoussé à Toulouse, 60.

Longueville, voyez Nevers (Marie de Bourbon d'Estouteville, duchesse de).

Lorraine (cardinal Charles de) aide son frère, le duc de Guise, à tromper le roi de Navarre, 5. — Blâme la pusillanimité de François II, 11. — Promet à Antoine de Bourbon de ne point pourchasser le mariage de son frère, le grand Prieur, avec la duchesse de Nevers, 13. — Qualifié de sanguinaire, 15. — Se rend au Concile de Trente, 29. — Marie la duchesse de Guise au duc de Nemours, 41. — Instigateur de l'édit du 25 septembre 1568, 47. — Le mauvais génie du roi, 48. — Sa malice venimeuse, 56. — Traître au roi, 58. — Ses menées à Toulouse et à Bordeaux, 60. — Veut faire assassiner le cardinal de Bourbon, 61. — Tâche de faire enlever le prince de Béarn, 64. — Maintenu par le roi en son conseil privé, 68. — Se félicite de l'arrestation des chefs de la réforme, 69. — Projette l'assassinat de tous les princes du sang, 73. — Surnommé l'hydre de la France, 78. — Colporteur de mensonges, 101, 111. — Favorise les affaires du cardinal de Créqui, 198. — Lui révèle les secrets de la politique du roi, 199. — Véritable promoteur de la reprise de la guerre civile, 206. — Rappel de sa conspiration contre la vie de tous les princes du sang, 212.

Lorraine (François de), grand prieur de France, aspire à la main de la duchesse de Nevers, 43.

Losses (Jean de Beaulieu, s. de) est envoyé en Béarn pour tâcher d'enlever le prince Henri, 64. — Rappel de sa tentative d'enlèvement du prince de Béarn, 212.

Lude (Guy de Daillon, s. du) méprise l'autorité du prince de Béarn en Poitou, 183. — Reçoit du roi l'ordre d'obéir à ce prince, 193.

Luxe (Charles de) chargé par le roi de mettre sous sequestre le royaume de Béarn, 113. — S'oppose à la célébration d'un baptême réformé à Saint-Palais, 152. — Tentative d'empoisonnement dirigée contre lui, 156. — Demeure à Ostabat, 157. — Signataire de la protestation des seigneurs catholiques de la Basse Navarre, 161.

Marchais (Aisne), théâtre d'une réunion des princes de Guise, 49.

Marguerite de France, duchesse de Savoie, rejoint la cour à Rossillon, 34. — Proposée par la reine mère comme arbitre entre les huguenots et les catholiques, 58.

Marguerite de Valois, fille de Henri II et de Catherine de Médicis, élevée à Amboise, 24.

Marsan (vicomté de) dépouillé de ses immunités par Bellegarde, 183.

Martigues (Sébastien de Luxembourg, s. de) chargé d'enlever d'Andelot à Laval 67.

Mal ras desempenné, au figuré sans bagage, 107.

Mauvesin (Michel de Castillon, s. de), capitaine catholique, commet de graves excès dans le comté de Foix, 185.

Meaux (Massacres de), 100.

Mesmes (Jehan de), capitaine protestant, coupable de tentative d'assassinat contre le s. de Domesain, 157. — Supplicié par ordre de Blaise de Monluc au mépris de l'édit de pacification, 172. — Son supplice justifié par le roi, 190.

Mezin (Lot-et-Garonne), lieu de garnison de la compagnie du prince de Béarn, 185.

Mixe, hameau près Bidache, députe un gentilhomme à Jeanne d'Albret, 153.

Monceaux en Beauce, résidence de la cour, 43.

Monein (Tristan de), lieutenant général en Guyenne, cité, 158.

Monluc (Blaise de) négocie avec Jeanne d'Albret, 26. — Se sépare de Burie, 27. — Reçoit l'ordre d'arrêter Jeanne d'Albret, 28. — Chargé d'aider le s. de Losses à enlever le prince de Béarn, 65. — Invoqué en témoignage des dispositions pacifiques de Jeanne d'Albret, 71, 75. — Ses menaces contre Jeanne d'Albret, 105. — Tient tous les passages de la Garonne, 105. — Se rend à Villeneuve d'Agen, 108. — N'ose entraver le départ de Jeanne d'Albret, 115. — Sa lettre à Gondrin, 172. — Empiète sur les biens et maltraite les sujets de Jeanne d'Albret, 173. — Se prépare à mettre garnison dans ses villes, 173. — Ses exactions dans le duché d'Albret, 182.

Monopoles, intrigues, 100.

Montamat (Bernard d'Astarac, s. de) rejoint Jeanne d'Albret à Tonneins, 115.

Montant Brassac (Jean de Puységur, s. de), nommé gouverneur des Landes par Blaise de Monluc, 181.

Montignac le Comte (Charente), occupé par les garnisons de Monluc, 182.

Montmorency (Anne de), connétable de France, sauve la vie à Antoine de Bourbon, 8.

Montpaon (Aveyron), terre frappée d'exactions par Blaise de Monluc, 182.

Montpensier (Jacqueline de Longwy, duchesse de) chargée par la reine mère d'avertir Antoine de Bourbon d'une tentative dirigée contre sa vie, 9.

Navarre. Rébellion des catholiques contre Jeanne d'Albret, 50.

Navarreins, ville forte en Navarre, 156.

Nebousan (vicomté de), dépouillé de ses immunités par les officiers du roi, 183.

Nemours (Jacques de Savoie, duc de) marié à la duchesse de Guise malgré les protestations de Françoise de Rohan, 41.

Nevers (Marie de Bourbon d'Estouteville, duchesse de), devient duchesse de Longueville, 13.

Nevers (Marie de Clèves, demoiselle de), tombe malade à Casteljaloux,

109. — Est renvoyée par Jeanne d'Albret à Nérac, 109.

Nogaro (Gers), lieu de garnison de la compagnie du prince de Béarn, 185.

Nourriture, éducation, 94.

Oléron (Basses-Pyrénées). Destruction des images catholiques, 163.

Oreguer (s. d') député du pays d'Ostabaret à Jeanne d'Albret, 154.

Orthez (Basses-Pyrénées). Destruction des images catholiques, 163. — Fondation d'un collège huguenot, 163.

Ostabaret, près Iholdy, village, députe un gentilhomme à Jeanne d'Albret, 153.

Ostabat, près Iholdy, seigneurie appartenant au s. de Luxe, 157.

Pamiers, ville de l'apanage de Jeanne d'Albret, ruinée par le parlement de Toulouse, 38.

Pau (parlement de) reçoit, d'Antoine de Bourbon, l'ordre de chasser les réformés, 30.

Pau (Basses-Pyrénées), Destruction des images catholiques, 163.

Pelote (jouer à la), traiter avec mépris, 47.

Picardie (Noblesse de), favorisée par le roi contre les habitants des villes, 198.

Poitou compris au gouvernement de Guyenne, 184.

Ports, vallées de passage de France en Espagne, 169.

Ranty (Jacques de), lieutenant de la compagnie du roi de Navarre, escorte son capitaine à la porte du cabinet du roi, 10.

Renée de France, duchesse de Ferrare, proposée par la reine mère comme arbitre entre les huguenots et les catholiques, 58.

Responce à un certain escript publié par l'Admiral et ses adhérans, pamphlet catholique contre les réformés, 91. — Traite d'imbéciles Jeanne d'Albret et son fils, 92.

Rohan (Françoise de), cousine germaine de Jeanne d'Albret, sacrifiée par le conseil du roi au duc de Nemours, 39. — Proteste contre le mariage du duc de Nemours et de la duchesse de Guise, 41.

Roissy (s. de), oncle de Jehan de Mesmes, 172.

Roquefort de Marsan (Landes), occupé par les garnisons du roi, 181.

Roquemaurel (s. de), gentilhomme de l'Ariège, en querelle avec le s. de Solan, 185.

Roques (Jean de Secondet, s. de), maitre d'hôtel de Jeanne d'Albret, est envoyé par cette princesse à Catherine de Médicis, 28. — Dépouillé d'une partie de ses biens par Blaise de Monluc, 182. — Messager de Catherine à Jeanne d'Albret, 210.

Saint-André (Jacques d'Albon, s. de), maréchal de France, assiste le roi François II dans une tentative contre la vie d'Antoine de Bourbon, 8. — Conduit Antoine de Bourbon à Paris pour obliger la reine mère à retirer l'édit de janvier, 16.

Saint-Gaudens (Haute-Garonne), station de Jeanne d'Albret dans son voyage à Foix, 51.

Saint-Jean-Pied-de-Port, châtellenie de la Basse Navarre, 155.

Saint-Michel-en-Cize, en Basse-Navarre, autrefois *Eyheralarre*, 164.

Saint-Palais, première église réformée en la Basse-Navarre, 150. — Baptême réformé célébré à Saint-Palais malgré les protestations générales, 152.

Salies-en-Béarn. Destruction des images catholiques, 163.

Salignac (Jean de), docteur réformé, dispute avec Charles d'Escars, évêque de Poitiers, 144.

Sanguinolent, mot pris dans le sens de *Sanguinaire*, 15.

Sansac (Cantal), terre frappée d'exactions par Blaise de Monluc, 182.

Sardaigne (royaume de) promis par les Guises à Antoine de Bourbon, 5.

Sauvetat (La), lieu de passage de Jeanne d'Albret, 116.

Savigny, bâtard d'Antoine de Bourbon, est assassiné, 44.

Savoie (Marguerite de France, duchesse de). Voyez *Marguerite*.

Solan (s. de), gentilhomme huguenot de l'Ariège, en querelle avec le s. de Roquemaurel, 185.

Soule (Basse-Pyrénées), partie de la Navarre, en révolte contre Jeanne d'Albret, 176.

Tanlay (Yonne), résidence de l'amiral Coligny, 67.

Tavannes (Gaspard de Saulx) chargé d'enlever le prince de Condé à Noyers, 66. — Chargé d'enlever Coligny à Tanlay, 66.

Teligny (Charles de)

est envoyé par Coligny à la cour, 76.

Thou (Christophe de) reçoit les confidences du cardinal de Lorraine au sujet de l'arrestation des chefs de la réforme, 69.

Tilladet (Antoine de Cassagnet, s. de), capitaine catholique, commet de graves excès dans le comté de Foix, 185.

Tonneins, lieu de passage de Jeanne d'Albret, 110, 115.

Toulouse (parlement de) chargé de saisir les biens de Jeanne d'Albret, 112. — Envoie deux capitouls à la cour, 172. — Son arrêt touchant l'édit de pacification qui a suivi la paix de Longjumeau, 172. — Empiète sur les droits et sujets de Jeanne d'Albret, 173.

Tournon (François de) cardinal, escorte Antoine de Bourbon à Paris pour obliger la reine mère à retirer l'édit de janvier, 16. — Espionné secrètement par la reine mère, 17.

Trente (concile de). Sa fin, 49.

Tursan (vicomté de) dépouillé de ses immunités par les officiers du roi, 183.

Uhart (Gabriel d') signe la protestation des seigneurs catholiques de la Basse Navarre, 164.

Vassy (Massacre de), 100.

Vaupilière (Antoine Martel, s. de), dépêché par Jeanne d'Albret à la cour, 60. — Arrive à la cour, 67. — Mal reçu par le roi, 68. — Débouté de toutes ses instances, 68. — Retourne auprès de Jeanne d'Albret à Nérac, 70. — Chargé d'apporter au roi la protestation de Jeanne d'Albret, 168. — Supplément d'instruction à lui donné par Jeanne d'Albret, 181. — Chargé de protester contre les faits et gestes de Blaise de Monluc, 182. — Dépouillé de ses biens par Blaise de Monluc, 182.

Vendôme (Loir-et-Cher) occupé par les garnisons du roi, 181.

Vêpres Siciliennes (faire des), 61. — Rappelées par Jeanne d'Albret au cardinal de Bourbon, 217.

Versigny (Guillaume de Marle, s. de), prévôt des marchands de Paris, remplit une mission auprès du roi de Navarre, 18.

Villars (Honorat de Savoie, marquis de) proposé par Jeanne d'Albret pour accompagner le prince de de Béarn en Guyenne, 63. — Visite Jeanne d'Albret à Nérac, 70.

TABLE DES MATIÈRES

	pages.
Mémoires de Jeanne d'Albret...............	1
Poésies de Jeanne d'Albret................	125
Sonnets de la reine de Navarre à du Bellay.	129
Chanson sur les amours de Condé et d'Isabelle de Limeuil......................	137
Visite de Jeanne d'Albret à Henri Estienne.	139
D'une dispute touchant la messe..........	142
Pièces justificatives.......................	147
Manifeste des gentilshommes de la Basse Navarre, 24 mars 1568.................	147
Articles envoyés au roi par Jeanne d'Albret, 7 juillet 1568...........................	165
Réponse du roi aux précédents articles....	187
Lettre écrite par l'agent du cardinal de Créquy à son maître, 9 août 1568...........	195
Lettres de Jeanne d'Albret	
au roi, 16 septembre 1568.........	203
à la reine mère, id................	209
au duc d'Anjou, id................	215
au cardinal de Bourbon, id........	217
à la reine d'Angleterre, 15 oct. 1568.	219
Table analytique...........................	225

Evreux. — Imp. de l'Eure, L. Odieuvre, 4 bis, rue du Meilet.

www.ingramcontent.com/pod-product-compliance
Lightning Source LLC
Chambersburg PA
CBHW050323170426

43200CB00009BA/1443